GUIA DE PLANTAS
PARA USO PAISAGÍSTICO

TREPADEIRAS & ESCULTURAIS

VALERIO ROMAHN

Todos os direitos reservados para
EDITORA EUROPA

Rua Alvarenga, 1416 - São Paulo, SP - CEP 05509-003
Telefone: (11) 3038-5050
atendimento@europanet.com.br
www.europanet.com.br

Editor e Publisher: Aydano Roriz
Diretor Executivo: Luiz Siqueira
Diretor Editorial: Roberto Araújo

Autor: Valerio Romahn
Coordenação Editorial: Roberto Araújo
Edição: Christiane Fenyö
Produção Editorial: Aida Lima
Revisão de Texto: Denise Camargo
Projeto Gráfico e Edição de Arte: Ludmila Viani Taranenko

Dados Internacionais de Catalogação na Publicação (CIP)
(Daniela Momozaki - CRB8/7714)

Romahn, Valerio
Guia de plantas para uso paisagístico: trepadeiras & esculturais /
Valerio Romahn -- São Paulo : Editora Europa, 2017 (Biblioteca
Natureza, 2).
ISBN 978-85-7960-493-5
1. Arquitetura paisagística I Romahn, Valerio II. Título
CDD 712.2

Índice para o catálogo sistemático
1. Arquitetura paisagística : 712.2

Comercial e Livrarias
Paula Hanne - paula@europanet.com.br - (11) 3038-5100

Atendimento ao Leitor
Fabiana Lopes - fabiana@europanet.com.br - (11) 3038-5058

Promoção
Aida Lima - aida@europanet.com.br - (11) 3038-5118

Apresentação

Você pode escolher qualquer planta para seu jardim. Só que isso seria um tremendo equívoco. A alegria de ver a planta certa se desenvolver saudável e bela é inversamente proporcional ao desgosto de errar na escolha. Para se dar bem é preciso calma e critério, e isso é muito diferente de escolher qualquer uma que você encontrar pelo caminho.

O primeiro ponto é determinar as plantas que estejam de acordo com o paisagismo do seu espaço. Para ajudar nesse agradável trabalho, a Editora Europa produziu a coleção **Grandes Temas do Paisagismo**, infelizmente já esgotada. Nos oito volumes dessa coleção, mostramos a arte e a beleza para o melhor aproveitamento dos espaços. Agora, com os três volumes deste **Guia de Plantas para Uso Paisagístico**, o Valerio Romahn escolheu as plantas ideais para cada uma das situações mais frequentes no paisagismo.

Assim, sempre de acordo com as condições de luminosidade e solo, você não vai escolher "qualquer **planta escultural ou trepadeira**" para ocupar lugar de destaque no seu jardim. Entre as 120 espécies que compõem este segundo volume você vai poder decidir aquelas com maior chance de deixar seu paisagismo muito mais bonito e florido. Mesmo porque uma planta é um compromisso que você firma por muito tempo com a beleza e com a vida.

Roberto Araújo
araujo@europanet.com.br

Trepadeiras

Quando o assunto é integrar elementos construtivos ao jardim, nenhuma planta é tão eficiente quanto as trepadeiras. O hábito de escalar estruturas e até mesmo árvores faz delas a melhor pedida na hora de levar o verde para ambientes de estar sob caramanchões, revestir paredes ou adornar treliças. Isso sem falar no efeito que elas proporcionam à fachada da casa quando usadas para bordar portas e janelas.

Entre as opções de trepadeira estão desde espécies floríferas até folhagens ornamentais, que crescem sem dificuldades em áreas sombreadas. A escolha da melhor para o seu jardim deve levar em conta não apenas esses fatores, mas também o comportamento da planta: enquanto as plantas mais vigorosas requerem caramanchões e outras estruturas robustas como suporte, as mais delicadas são perfeitas para enfeitar treliças e colunas.

Bougainvillea spectabilis

Primavera, buganvília

Família das nictagináceas (*Nyctaginaceae*)

Syn.: *Bougainvillea bracteata*; *B. brasiliensis*; *B. peruviana*; *B. speciosa*; *B. spectabilis* var. *hirsutissima*; *B. spectabilis* var. *parviflora*; *B. spectabilis* var. *virescens*; *B. virescens*

A primavera é tiro e queda na hora de colorir e proteger do sol os caramanchões. Vigorosa como poucas, a espécie encobre muito bem a estrutura e ainda se mantém florida durante boa parte do ano, com maior intensidade na primavera. O curioso é que o colorido exuberante não é proporcionado pelas flores, mas sim pelas brácteas da espécie, que podem ser simples ou dobradas e encontradas em uma boa variedade de cores. Nativo do Brasil, o arbusto escandente vai bem nos climas tropical e subtropical e resiste muito bem a estiagem. Além de encobrir caramanchões, outras possibilidades de uso da planta no paisagismo são bordando pórticos e beirais de varanda, conduzida como arbusto e até mesmo em vasos, inclusive como bonsai. A reprodução é por estaquia ou alporquia.

Camptosema spectabile
Cipó-tapiá, cuitelo

Família das fabáceas (*Leguminosae / Fabaceae*)

Syn.: *Camptosema grandiflorum*; *Cratylia spectabilis*

Ainda pouco usada no paisagismo, esta trepadeira exibe sua florada exuberante no outono e no inverno, justamente os períodos em que os jardins estão menos floridos. As flores são vermelhas ou róseas e se formam em inflorescências longas e pendentes, que atraem muitos beija-flores. Nativa do Brasil, da região que compreende a Bahia e todo o Sudeste, a espécie é uma ótima opção para encobrir caramanchões. Típica de clima tropical, tolera bem o frio subtropical e deve ser plantada sob sol pleno, em solo arenoargiloso. A reprodução se dá por sementes, alporquia e estaquia.

Chonemorpha fragrans

Cipó-de-leite, trepadeira-frangipani

Família das apocináceas (*Apocynaceae*)

Syn.: *Beluttakaka grandieriana*; *B. griffithii*; *B. macrophylla*; *Cercocoma macrantha*; *Chonemorpha blancoi*; *C. elliptica*; *C. grandieriana*; *C. grandiflora*; *C. griffithii*; *C. macrantha*; *C. macrophylla*; *C. macrophylla* var. *grandis*; *C. penangensis*; *C. rheedei*; *C. valvata*; *C. yersinii*; *Echites fragrans*; *E. grandiflorus*; *E. grandis*; *E. latifolius*; *E. macranthus*; *E. macrophyllus*; *Epichysianthus macrophyllus*; *Rhynchodia macrantha*; *Tabernaemontana elliptica*

As flores perfumadas, que despontam em grande quantidade durante a primavera e o verão, são o grande atrativo desta trepadeira ideal para encobrir caramanchões. Elas são tubulares, brancas com o miolo amarelo ou amarelo-alaranjado, e contam com cinco pétalas dispostas em forma de catavento. Já as folhas grandes, de até 25 cm de comprimento, são verde-escuras brilhantes, cobertas por pelinhos, e têm nervuras salientes. Caem no inverno, quando a trepadeira entra em dormência. Nativa de regiões de altitudes entre 400 m e 1.800 m das florestas do Himalaia, na Índia, até o arquipélago Malaio, no sudeste asiático, a espécie aprecia tanto clima tropical quanto subtropical – só não tolera geadas – e deve ser cultivada sob sol pleno. O solo pode ser arenoargiloso, ácido – com pH em torno de 5,6 ou 6 –, acrescido de matéria orgânica e mantido úmido. A reprodução é por sementes e, mais facilmente, por estacas preparadas na primavera.

Congea tomentosa
Congeia

Família das lamiáceas (*Verbenaceae* / *Lamiaceae*)

Syn.: *Calochlamys capitata*; *Congea azurea*;
C. oblonga; *C. petelotii*; *C. tomentosa* var. *nivea*;
C. tomentosa var. *oblongifolia*; *C. villosa*; *Roscoea villosa*

No fim do inverno, quando já está sem as folhas, e durante toda a primavera, esta trepadeira dá um verdadeiro espetáculo: seus ramos são totalmente tomados por inflorescências que pintam de rosa a paisagem. O tom vem das brácteas que envolvem as minúsculas flores esbranquiçadas da planta. Ideal para encobrir caramanchões, grades e cercas sob sol pleno, a congeia também pode ser cultivada como arbusto escandente, mediante podas. Ela é originária da Índia, da Província de Yunnan, no sudoeste da China, até a Península da Malásia, e característica de clima tropical, tolerante ao frio subtropical de baixa altitude. Gosta de solo rico em matéria orgânica e reproduz-se por alporquia ou estaquia.

Lonicera japonica
Madressilva

Família das caprifoliáceas (*Caprifoliaceae*)

Syn.: *Caprifolium chinense*; *C. japonicum*;
C. roseum; *Lonicera brachypoda*;
L. brachypoda var. *repens*; *L. fauriei*; *L. japonica* var. *japonica*;
L. japonica f. *macrantha*; *L. japonica* var. *repens*;
L. japonica var. *sempervillosa*; *L. shintenensis*

Muito usada para encobrir caramanchões – e também cercas e alambrados –, a madressilva tem flores que mudam de cor com o passar dos dias: despontam brancas e vão ficando amareladas. Elas surgem durante a primavera e o verão, exalam um intenso perfume adocicado e são adoradas pelos beija-flores. Originária da China, do Japão e da Coreia, a trepadeira se desenvolve bem em regiões de clima subtropical e tropical de altitude. Deve ser plantada sob sol pleno e aprecia solo rico em matéria orgânica. A reprodução é por estaquia.

Mansoa alliacea
Cipó-alho, cipó-d'alho

Família das bignoniáceas (*Bignoniaceae*)

Syn.: *Adenocalymma alliaceum*; *A. obovatum*; *A. pachypus*; *A. sagotii*; *Anemopaegma pachypus*; *Bignonia alliacea*; *B. citrifolia*; *Pachyptera alliacea*; *Pseudocalymma alliaceum*; *P. alliaceum* var. *macrocalyx*; *P. pachypus*; *P. sagotii*; *P. sagotii* var. *macrocalyx*

O nome desta trepadeira é uma referência ao aroma que suas folhas exalam quando maceradas. Verde-claras e brilhantes, elas medem cerca de 15 cm de comprimento e são muito usadas na culinária em substituição ao alho. No paisagismo, no entanto, o que chama a atenção mesmo são as flores lilases e em forma de sino da espécie, que despontam principalmente na primavera. Muito vigoroso, o cipó-alho é nativo da América tropical, especialmente da região amazônica, e não tolerante ao frio subtropical de altitude. Gosta de solo arenoargiloso acrescido de matéria orgânica, sol pleno, e a reprodução é por sementes ou estaquia.

Mucuna bennettii
Jade-vermelha

Família das fabáceas (*Leguminosae / Fabaceae*)

    A jade-vermelha é considerada a mais bela trepadeira tropical do mundo por conta de suas inflorescências pendentes repletas de flores vermelhas em forma de garra que despontam principalmente no verão. Seu principal uso no paisagismo é encobrindo grandes caramanchões sob sol pleno ou à meia-sombra. Com ramos de até 30 m de comprimento, a espécie é nativa de Papua-Nova Guiné e característica de clima tropical quente, não tolerante ao frio subtropical. Gosta de solo rico em matéria orgânica e mantido úmido. Sua multiplicação é muito difícil, e o método mais eficiente é a estaquia.

Peixotoa reticulata
Cipó-de-ouro

Família das malpighiáceas (*Malpighiaceae*)

Syn.: *Peixotoa macrophylla*

Está aí outra trepadeira pouco comum no paisagismo e que enfeita os caramanchões durante o outono e no inverno, época de sua florada. Compostas por pequenas flores amarelas, as inflorescências volumosas despontam nas pontas dos ramos e contrastam com as folhas de textura áspera. Vigoroso e nativo do Cerrado do Brasil, Paraguai e Bolívia, o cipó-de-ouro também é indicado para enfeitar muros, cercas e alambrados, sempre sob sol pleno. Típico de clima tropical quente e seco, tolera o frio subtropical de baixa altitude em regiões não sujeitas a geadas. O solo pode ser arenoargiloso, e a reprodução é por sementes.

Petrea volubilis
Viuvinha, flor-de-São-Miguel

Família das verbenáceas (*Verbenaceae*)

Syn.: *Petrea amazonica*; *P. arborea*; *P. arborea* f. *albiflora*; *P. arborea* var. *broadwayi*; *P. arborea* f. *broadwayi*; *P. arborescens*; *P. aspera*; *P. aspera* f. *albiflora*; *P. atrocoerulea*; *P. colombiana*; *P. erecta*; *P. fragrantissima*; *P. kohautiana*; *P. kohautiana* f. *alba*; *P. kohautiana* var. *anomala*; *P. kohautiana* var. *pilosula*; *P. mexicana*; *P. nitidula*; *P. ovata*; *P. racemosa*; *P. racemosa* f. *alba*; *P. racemosa* var. *alba*; *P. retusa*; *P. riparia*; *P. rivularis*; *P. serrata*; *P. stapeliae*; *P. subserrata*; *P. swallenii*; *P. vincentina*; *P. volubilis* var. *alba*; *P. volubilis* var. *albiflora*; *P. volubilis* var. *mexicana*; *P. volubilis* f. *pubescens*; *P. volubilis* var. *pubescens*

Basta o inverno chegar para que a viuvinha comece a perder as folhas e, ao mesmo tempo, a se encher de flores estreladas azul-arroxeadas ou brancas. O espetáculo dura até meados da primavera, deixando os caramanchões, as cercas e os alambrados onde a trepadeira costuma ser conduzida muito mais bonitos. Nativa desde o sul do Estado da Califórnia, nos Estados Unidos, do México e de toda a América Central até o sul do Brasil, incluindo o Paraguai, a espécie tem ramos de até 5 m de comprimento e deve ser mantida sempre sob sol pleno. Ela se adapta bem tanto ao clima tropical quanto ao subtropical e gosta de solo arenoargiloso acrescido de matéria orgânica. A reprodução é por sementes ou estaquia.

Podranea ricasoliana
Sete-léguas

Família das bignoniáceas (*Bignoniaceae*)

Syn.: *Pandorea ricasoliana*; *Tecoma ricasoliana*; *Tecomaria ricasoliana*

Cobrir um caramanchão com a sete-léguas é a garantia de ter o espaço florido durante praticamente o ano todo. É que suas flores róseas e em forma de sino despontam sem parar em todas as estações, exceção feita ao inverno. Além de adornar caramanchões amplos, a espécie, que tem crescimento rápido, pode ser usada para revestir muros, cercas e alambrados sob sol pleno. Seus ramos medem de 5 m a 6 m de comprimento, e ela é nativa de Malawi, Moçambique, Zâmbia e das províncias de KwaZulu-Natal e Cabo Oriental, na África do Sul. Aprecia tanto o clima tropical quanto o subtropical e deve ser plantada em solo rico em matéria orgânica e bem drenado. A reprodução é por sementes ou estaquia.

Strongylodon macrobotrys

Trepadeira-jade, trepadeira-filipina

Família das fabáceas (*Leguminosae* / *Fabaceae*)

Syn.: *Strongylodon megaphyllus; Strongylodon warburgii*

As inflorescências desta trepadeira chamam a atenção não apenas pelo formato de garra, mas também pelo colorido azul-esverdeado, que é difícil de encontrar na Natureza. Elas despontam na primavera e no verão e medem até 90 cm de comprimento. Por ser uma espécie muito vigorosa, com ramos que passam dos 20 m de comprimento, a trepadeira-jade deve ser usada apenas para encobrir caramanchões ou bordar extensas varandas. Ela é nativa das Filipinas, típica de clima tropical e tolerante ao frio subtropical de baixa altitude, onde não ocorram geadas. Cultive-a sob sol pleno ou à meia-sombra, em solo arenoargiloso acrescido de matéria orgânica. A reprodução se dá, principalmente, por estaquia.

Thunbergia mysorensis
Sapatinho-de-judia

Família das acantáceas (*Acanthaceae*)

Syn.: *Hexacentris mysorensis*

O sapatinho-de-judia dá um verdadeiro espetáculo durante a primavera e o verão, período em que despontam suas inflorescências longas e pendentes, compostas por inúmeras flores amarelo-ouro com mesclas de vinho. A visita dos beija-flores é um bônus para quem cultiva a espécie, que é indicada principalmente para encobrir caramanchões sob sol pleno. Seus ramos chegam aos 6 m de comprimento e, por ser nativa da Índia, ela é característica de clima tropical quente e úmido, tolerante ao frio subtropical de baixa altitude. O solo pode ser arenoargiloso acrescido de matéria orgânica, e a reprodução é por estaquia.

Allamanda cathartica

Alamanda-amarela, dedal-de-dama

Família das apocináceas (*Apocynaceae*)

Syn.: *Allamanda aubletii*; *A. cathartica* var. *grandiflora*; *A. cathartica* var. *hendersonii*; *A. cathartica* f. *salicifolia*; *A. cathartica* var. *williamsii*; *A. chelsonii*; *A. grandiflora*; *A. hendersonii*; *A. latifolia*; *A. linnaei*; *A. salicifolia*; *A. schottii*; *A. wardleyana*; *A. williamsii*; *Echites salicifolius*; *E. verticillatus*; *Orelia grandiflora*

As flores amarelas e em forma de sino que despontam praticamente o ano todo, mas com maior intensidade no verão, fazem da alamanda-amarela uma planta ideal para encobrir arquinhos. Com cerca de 8 cm de diâmetro, elas são o complemento perfeito para as folhas lanceoladas e verde-claras brilhantes. A trepadeira também produz frutos ovalados, de até 6 cm de comprimento, com sementes achatadas e aladas. Embora seja lenhosa, a ramagem da espécie é relativamente frágil e deve ser tutorada com amarrilhos para emoldurar pórticos. Já em alambrados e cercas, basta conduzir seus ramos. Quem preferir pode ainda educar a espécie como arbusto para formar renques ao longo de muros ou cercas vivas na beira de taludes. Nativa da América Central, norte da América do Sul e de quase todo o Brasil, a trepadeira é característica de clima tropical quente e úmido. Pode até ser cultivada em regiões subtropicais de baixa altitude onde não ocorram geadas, mas, nessas condições, é caducifólia, e a florada, mais comedida. O solo ideal é o arenoargiloso acrescido de matéria orgânica, bem drenado e regado quando estiver seco. Já a multiplicação se dá por sementes e por estaquia.

Clerodendrum × speciosum

Coração-sangrento

Família das lamiáceas (*Verbenaceae* / *Lamiaceae*)

O coração-sangrento é uma planta híbrida desenvolvida pelo cruzamento das espécies *Clerodendrum splendens* e *Clerodendrum thomsoniae*. As inflorescências despontam entre a primavera e o verão, nascem nas pontas dos ramos e são compostas de inúmeras pequenas flores vermelhas de cálice branco que, com o passar do tempo, ficam rosadas. Os longos ramos podem ser conduzidos com a ajuda de amarrilhos em treliças, cercas, muros, arquinhos e bordas de varandas. Outra opção é cultivar a espécie como arbusto, mantendo-a podada ou em beirais superiores de taludes, sob sol pleno. Arbusto escandente semi-herbáceo com ramos de mais de 4 m de comprimento, é típico de clima tropical, tolerante ao frio subtropical de baixa altitude, onde não ocorram geadas. O solo pode ser arenoargiloso acrescido de matéria orgânica e a reprodução é por estaquia.

Ipomoea horsfalliae
Ipomeia-rubra, trepadeira-cardeal

Família das convolvuláceas (*Convolvulaceae*)

Syn.: *Convolvulus horsfalliae*

As belas flores vermelho-bordô brilhante, que se agrupam em inflorescências nas pontas dos ramos, fazem da ipomeia-rubra uma das trepadeiras do gênero *Ipomoea* mais cultivadas nos trópicos. Adoradas por borboletas e beija-flores, elas têm formato de sino, até 4 cm de comprimento, e são formadas por cinco pétalas fundidas e ligeiramente estreladas, de até 5 cm de diâmetro. A florada principal ocorre entre meados do outono e do inverno, mas as flores também podem surgir em outras épocas do ano, atraindo beija-flores, borboletas e abelhas. A ipomeia-rubra é indicada para revestir treliças, cercas, alambrados e arquinhos. Pode ainda ser conduzida ao longo de beirais de varandas, sempre sob sol pleno. De origem incerta – o mais provável é que seja originária do Caribe –, ela é típica de clima tropical, tolerante ao subtropical de baixa altitude. Seus ramos medem até 8 m de comprimento, e a planta perde as folhas no inverno quando cultivada em regiões de clima mais frio. O solo deve ser solto, rico em matéria orgânica, bem drenado e mantido úmido. A reprodução se dá principalmente por estaquia dos ramos basais.

Rosa hybrid
Rosa-trepadeira

Família das rosáceas (*Rosaceae*)

Embora existam centenas de cultivares de rosas-trepadeiras, praticamente todas elas se dividem em dois grupos: o das que têm flores pequenas agrupadas em cachos; e o das com flores grandes que nascem isoladas nas pontas dos ramos. Elas são encontradas nas mais variadas cores – há até opções mescladas e multicoloridas –, despontam na primavera e podem ser ou não perfumadas. O uso mais comum da espécie é conduzida para encobrir arquinhos, cercas e treliças, sempre sob sol pleno. As roseiras são nativas de regiões de clima temperado, mas existem variedades desenvolvidas especialmente para regiões de clima mais quente, como o subtropical. Plante-as em solo arenoargiloso acrescido de matéria orgânica e, no início do inverno, pode um terço dos ramos para estimular novas brotações. A reprodução é por enxertia.

Stephanotis floribunda

Jasmim-de-Madagáscar, flor-de-noiva

Família das apocináceas (*Asclepiadaceae* / *Apocynaceae*)

Syn.: *Ceropegia stephanotis*; *Isaura alliacea*; *Isaura allicia*; *Marsdenia floribunda*

Esta trepadeira conquista não apenas pela delicadeza de suas flores brancas, que despontam durante a primavera e o verão, mas também pelo perfume agradável que elas exalam. Tubulares e com textura similar à da cera, elas nascem agrupadas em inflorescências e depois dão origem a pequenos frutos. O jasmim-de-Madagáscar é muito usado para enfeitar arquinhos, grades, cercas e colunas, e vai bem tanto sob sol pleno quanto à meia-sombra. Ele é nativo de Madagáscar, típico de clima tropical, mas tolera bem o subtropical de baixa altitude em regiões não sujeitas a geadas. Seus ramos medem até 5 m de comprimento, e o solo deve ser arenoargiloso acrescido de matéria orgânica. A reprodução é por sementes ou estaquia.

Trachelospermum jasminoides

Jasmim-estrela, jasmim-de-leite

Família das apocináceas (*Apocynaceae*)

Syn.: *Nerium divaricatum*; *Parechites adnascens*; *P. bowringii*; *P. thunbergii*; *Rhynchospermum jasminoides*; *Trachelospermum adnascens*; *T. bowringii*; *T. divaricatum*; *T. jasminoides* var. *heterophyllum*; *T. jasminoides* var. *jasminoides*; *T. jasminoides* var. *pubescens*; *T. jasminoides* var. *variegatum*

Quando este jasmim se enche de flores, a impressão é de que pequenas estrelas brancas tomaram conta de sua ramagem. O espetáculo acontece durante a primavera e o verão, e ainda oferece como bônus o forte perfume que as flores exalam. A trepadeira pode ser conduzida em caramanchões, arquinhos e cercas sob sol pleno. Embora cresça lentamente, seus ramos podem chegar aos 9 m de comprimento. O jasmim-estrela é nativo de grande parte da Ásia, a partir da Província de Shanxi, no centro-norte da China, até o Vietnã, na Indochina, além do Japão, Coreia e Taiwan. Desenvolve-se bem em uma grande diversidade climática, desde o temperado até o tropical, e aprecia solo arenoargiloso. A reprodução é por sementes ou alporquia.

Antigonon leptopus

Amor-agarradinho, mimo-do-céu

Família das poligonáceas (*Polygonaceae*)

Syn.: *Antigonon amabie*; *A. cinerascens*; *A. cordatum*; *A. platypus*; *Corculum leptopus*

As flores rosadas e em forma de coração, que despontam na primavera e no verão agrupadas em cachos, podem até ser o principal atrativo do amor-agarradinho, mas não o único. Muito ornamentais, as folhas de até 10 cm de comprimento em formato de flecha também contribuem para o belo efeito que a espécie proporciona quando conduzida em alambrados, debruçada sobre muros, usada para encobrir caramanchões ou forrar taludes, sempre sob sol pleno. Com ramos de até 10 m de comprimento, a trepadeira é nativa do México e indicada principalmente para regiões tropicais. Também pode ser plantada em zonas subtropicais, mas, nessas condições, perde as folhas no inverno. Pouco exigente quanto ao solo, o amor-agarradinho tolera até uma leve estiagem, mas vale a pena investir em um substrato rico em matéria orgânica e bem drenado. A propagação se dá por sementes, estaquia, alporquia e por mudas que crescem espontaneamente ao redor da planta-mãe.

Bignonia magnifica
Sariteia

Família das bignoniáceas (*Bignoniaceae*)

Syn.: *Arrabidaea magnifica*; *Saritaea magnifica*

Trazida ao Brasil pelo paisagista Roberto Burle Marx, esta trepadeira se enche de flores durante toda a primavera e o verão, colorindo a paisagem. Suas flores arroxeadas e em forma de sino são grandes – medem até 8 cm de diâmetro e 10 cm de comprimento – e nascem aglomeradas em grupos de 10 ou 15 em cada inflorescência, contrastando com o verde-escuro da folhagem. A sariteia pode ser conduzida ao longo de cercas, alambrados, caramanchões e arquinhos, sempre sob sol pleno, e tem ramos de até 10 m de comprimento. Nativa do Panamá, na América Central, da região do Caribe e da Colômbia, Equador e Venezuela, no norte da América do Sul, ela é típica de clima tropical quente, não tolerante ao frio, e resiste bem às condições litorâneas. O solo pode ser arenoargiloso acrescido de matéria orgânica, e a reprodução é por estaquia.

Clerodendrum splendens
Clerodendro

Família das lamiáceas (*Verbenaceae* / *Lamiaceae*)

Syn.: *Clerodendrum aurantium*; *C. giletii*; *C. rollissonii*; *C. splendens* var. *giletii*; *Siphonanthus splendens*

O tom do vermelho das flores do clerodendro é tão vibrante que as borboletas e os beija-flores vêm de longe para visitá-las. Como despontam justamente de meados de outono até o início da primavera, que é quando muitas plantas estão em dormência, investir na espécie é uma forma de garantir a beleza do jardim nesse período. De crescimento rápido, a trepadeira tem ramos de até 4 m de comprimento e folhas vistosas de até 15 cm de comprimento em tom verde-escuro brilhante. Embora suas gavinhas se enrolem nas estruturas, é preciso ter em mente que a espécie precisa ser conduzida e até mesmo fixada com amarrilhos em alambrados, treliças e cercas. Outra opção é cultivá-la ao longo de beirais de varandas, para que a planta forme uma cortina verde. Nativo de grande parte da África Ocidental, desde o Senegal até a Angola, o clerodendro é típico de clima tropical quente e úmido, mas também resistente ao clima subtropical de baixa altitude onde não ocorram geadas. Nesses locais de temperaturas mais amenas, chega a perder parte da folhagem, em meados do inverno. Cultive-o sob sol pleno ou à meia-sombra em solo rico em matéria orgânica, solto e bem drenado. A propagação se dá por sementes, estaquia ou mudas que nascem próximas da planta-mãe.

Cobaea scandens
Cobeia, sinos-de-convento

Família das polemoniáceas (*Polemoniaceae*)

Syn.: *Cobaea lasseri*; *Rosenbergia scandens*

Os alambrados, as cercas e os caramanchões ganham um colorido todo especial durante o verão e o outono, época de floração da cobeia. É que as flores em forma de sino da espécie mudam de cor com o tempo: nascem verde-esbranquiçadas e vão ficando arroxeadas com o passar dos dias. Além disso, exalam um agradável aroma almiscarado. Vigorosa e de rápido crescimento, a trepadeira tem ramos de até 12 m de comprimento e deve ser cultivada sob sol pleno. É originária do sul do México, característica de clima tropical, muito tolerante ao frio subtropical onde não ocorram geadas. O solo deve ser arenoargiloso, e a reprodução é por sementes.

Combretum grandiflorum

Escova-de-macaco-vermelha, escova-de-macaco-da-África

Família das combretáceas (*Combretaceae*)

Muito usada para revestir alambrados e cercas, esta trepadeira chama a atenção por conta das inflorescências vermelhas, que despontam durante a primavera e o verão e são muito visitadas por beija-flores. As folhas também têm seu atrativo, já que exibem um tom acobreado quando nascem e depois vão ficando verdes. Originária da África Ocidental, a escova-de-macaco-vermelha é típica de clima tropical quente e deve ser cultivada sob sol pleno, em solo rico em matéria orgânica. A reprodução é por sementes ou estaquia.

Cuspidaria convoluta

Cipó-rosa, cuspidária

Família das bignoniáceas (*Bignoniaceae*)

Syn.: *Bignonia convoluta*; *B. pterocarpa*;
Cuspidaria populeaster; *C. pterocarpa*;
C. pterocarpa var. *pubescens*; *C. trifoliata*;
Lochnocydia populeaster; *Nouletia pterocarpa*;
Saldanhaea convoluta

Apesar da florada de curta duração, vale a pena cultivar o cipó-rosa, só para ver as cercas, as grades, os caramanchões e os muros tomados de flores lilases. O espetáculo acontece no finalzinho do inverno, quando a trepadeira está começando a rebrotar e as flores em formato de trombeta se agrupam em grande quantidade em inflorescências nas pontas dos ramos. Vigorosa, a espécie tem ramos de até 11 m de comprimento e é nativa desde a região central até o sul do Brasil, da Bolívia, do Paraguai e do nordeste da Argentina. Típica tanto de clima tropical como subtropical, aprecia solo arenoargiloso acrescido de matéria orgânica e reproduz-se por sementes, estaquia ou alporquia.

Ipomoea cairica

Corriola, jetirana

Família das convolvuláceas (*Convolvulaceae*)

Syn.: *Batatas cavanillesii; B. senegalensis; Convolvulus cairicus; C. cavanillesii; C. limphaticus; C. tuberculatus; Ipomoea cairica* var. *cairica; I. cavanillesii; I. funaria; I. heptaphylla; I. palmata; I. pentaphylla; I. rosea* var. *pluripartita; I. senegalensi; I. stipulacea; I. tuberculata; I. vesiculosa*

Florida o ano todo, esta trepadeira é uma ótima pedida para encobrir cercas, alambrados, muros e treliças sob sol pleno. Suas flores lilases com corola arroxeada têm formato de funil e medem cerca de 6 cm de diâmetro. Já as folhas, que também são ornamentais, têm formato que lembra o da palma de uma mão e são verde-escuras brilhantes. De origem incerta – acredita-se que ela seja nativa da África e da Ásia tropical –, a corriola hoje é considerada uma planta cosmopolita dos trópicos e também pode ser cultivada em regiões de clima subtropical de baixa altitude. O solo ideal é o arenoargiloso, acrescido de matéria orgânica, e a reprodução é por sementes.

Ipomoea purpurea

Bom-dia, campainha, glória-da-manhã

Família das convolvuláceas (*Convolvulaceae*)

Syn.: *Convolvuloides purpurea*; *Convolvulus eriocaulos*; *C. Mutabilis*; *C. Purpureus*; *Diatrema purpurea*; *Ipomoea affinis*; *I. diversifolia*; *I. glandulifera*; *I. hirsutula*; *I. purpurea* var. *diversifolia*; *I. purpurea* var. *purpurea*, *Pharbitis diversifolius*; *P. nil* var. *diversifolia*; *P. purpurea*

As flores grandes e vistosas desta trepadeira têm uma característica muito particular: se abrem pela manhã e se fecham no início da tarde, o que inspirou alguns de seus nomes populares. Grandes e em forma de funil, elas exibem um belo tom arroxeado e despontam em grande quantidade durante boa parte do ano, principalmente na primavera e no verão. Seus ramos longos e tenros são perfeitos para encobrir alambrados, cercas, treliças e arquinhos, bem como para bordar varandas e janelas. Nativa desde o México, na América do Norte, até o Uruguai, no sul da América do Sul, a espécie tem ciclo anual e é característica tanto de clima tropical como subtropical. Aprecia solo rico em matéria orgânica, mantido úmido, e a reprodução é por sementes.

Jasminum azoricum
Jasmim-dos-Açores, jasmim-do-rio

Família das oleáceas (*Oleaceae*)

Syn.: *Jasminum azoricum* var. *aureovariegatum*; *Jasminum suaveolens*; *Jasminum trifoliatum*

Se você gosta de um jardim perfumado, vale muito a pena reservar um cantinho para o jasmim-dos-Açores. A trepadeira, que é indicada para encobrir cercas, muros, arquinhos e até caramanchões, produz pequenas flores brancas e estreladas muito aromáticas durante boa parte do ano, com maior intensidade entre o verão e o outono. Nativa do arquipélago dos Açores, ela é típica de clima subtropical, tolerante ao calor tropical, aprecia sol pleno e solo rico em matéria orgânica. A reprodução é por estaquia ou alporquia.

Jasminum polyanthum

Jasmim-dos-poetas, jasmim-de-inverno

Família das oleáceas (*Oleaceae*)

Syn.: *Jasminum blinii*; *Jasminum delafieldii*; *Jasminum excellens*

    Considerado o mais ornamental dentre todos os jasmins, o jasmim-dos-poetas fica um escândalo durante o inverno e o início da primavera, época de sua florada. A ramagem da trepadeira é tomada por pequenas flores tubulares e estreladas, cada uma com no máximo 2 cm de diâmetro, e intensamente perfumadas. Compostas por cinco pétalas, elas são brancas, mas têm o cálice róseo-avermelhado. Os ramos medem cerca de 6 m e tomam conta rapidinho de grades, alambrados, caramanchões, arquinhos e treliças. A espécie é originária da região Centro-Sul da China e de Myanmar, típica de clima subtropical frio ou de altitude. Deve ser plantada sob sol pleno, em solo rico em matéria orgânica. Reproduz-se por estaquia.

Manettia cordifolia

Trepadeira-sanguínea, trepadeira-fogos-de-artifício

Família das rubiáceas (*Rubiaceae*)

Syn.: *Guagnebina ignita*; *Lygistum ignitum*; *L. ignitum* var. *micans*; *L. micans*; *Manettia attenuata*; *M. boliviana*; *M. cordifolia* var. *attenuata*; *M. cordifolia* f. *boliviana*; *M. cordifolia* var. *cordifolia*; *M. cordifolia* var. *filiformis*; *M. cordifolia* var. *glabra*; *M. cordifolia* f. *incana*; *M. cordifolia* var. *paranensis*; *M. glabra*; *M. glabra* f. *boliviana*; *M. grandiflora*; *M. ignita*; *M. ignita* var. *angustifolia*; *M. ignita* var. *cordifolia*; *M. ignita* var. *glabra*; *M. ignita* var. *incana*; *M. ignita* var. *micans*; *M. leianthiflora*; *M. micans*; *M. paranensis*; *M. stipulosa*; *Vanessa cordifolia*

O belo tom vermelho-sangue das flores tubulares, que despontam em grande quantidade no verão e no outono, já seria motivo o suficiente para apostar na trepadeira-sanguínea na hora de revestir grades, alambrados, cercas e treliças. Só que, além de colorirem o jardim, elas ainda atraem passarinhos, beija-flores e borboletas, deixando o ambiente muito mais interessante. Com ramos finos, de até 2 m de comprimento, a espécie nativa de quase todo o Brasil – à exceção a região Norte –, do Peru, Bolívia, Paraguai, nordeste da Argentina e do Uruguai é típica tanto de clima tropical como subtropical. Aprecia solo rico em matéria orgânica e mantido úmido, e a reprodução pode ser por sementes ou estaquia.

Mansoa difficilis
Cipó-de-sino

Família das bignoniáceas (*Bignoniaceae*)

Syn.: *Adenocalymma glomeratum*; *A. splendens*; *Arrabidaea grandiflora*; *Bignonia difficilis*; *Chodanthus praepensus*; *C. Splendens*; *C. splendens* var. *glomeratus*; *C. splendens* var. *grandiflora*; *Clytostoma punctatum*; *Cydista difficilis*; *C. Praepensa*; *Mansoa acuminatissima*; *M. laevis*

Durante o verão, o outono e, não raro, no início do inverno, o cipó-de-sino fica repleto de flores lilás-róseas e em forma de sino. Elas despontam em grande quantidade nas extremidades dos ramos, colorindo a trepadeira, que é muito usada para adornar cercas, muros, alambrados e caramanchões. Fã de sol pleno, a espécie é nativa de quase todo o Brasil – à exceção o Planalto Central –, da Bolívia, Paraguai e nordeste da Argentina, característica tanto de clima tropical como subtropical. O solo pode ser arenoargiloso acrescido de matéria orgânica, e a reprodução é por sementes ou estaquia.

Merremia tuberosa

Flor-de-pau, rosa-de-pau

Família das convolvuláceas (*Convolvulaceae*)

Syn.: *Batatas tuberosa*; *Convolvulus gossypiifolius*; *C. kentrocaulos*; *C. macrocarpus*; *C. paniculatus*; *C. tuberosus*; *Ipomoea glaziovii*; *I. mendesii*; *I. nuda*; *I. tuberosa*; *I. tuberosa* var. *uniflora*; *I. tuberosa* var. *oligantha*; *Operculina tuberosa*

Com grandes flores amarelas e em forma de funil, a flor-de-pau bem que merecia um uso mais intensivo no paisagismo. Indicada para encobrir extensos alambrados, cercas e caramanchões, a espécie floresce durante o verão e o outono. No restante do ano, o atrativo fica por conta da folhagem ornamental, composta por folhas palmadas e profundamente recortadas. Vigorosa, a trepadeira tem ramos de até 20 m de comprimento e é nativa desde o sul do México, na América do Norte, da América Central e Caribe até a região Sudeste do Brasil. Ela é característica de clima tropical, tolera bem o frio subtropical de baixa altitude onde não ocorram geadas e deve ser cultivada sob sol pleno, em solo rico em matéria orgânica. A reprodução é por sementes ou estaquia.

Pandorea jasminoides
Trepadeira-de-arco

Família das bignoniáceas (*Bignoniaceae*)

Syn.: *Gelseminum jasminoides*; *Pandorea jasminoides* var. *alba*; *Tecoma jasminoides*

    Além de encher as cercas e as treliças de flores brancas com o centro cor de vinho o ano todo – mas com maior intensidade na primavera e no verão –, a trepadeira-de-arco ainda perfuma o ambiente com seu agradável aroma. De crescimento moderado, ela tem ramos que podem chegar aos 8 m de comprimento e é muito tolerante à maresia. Originária da região costeira dos estados de Queensland e de New South Wales, no leste da Austrália, vai bem tanto em clima tropical como subtropical. Plante-a em solo arenoargiloso acrescido de matéria orgânica. A reprodução é por sementes ou estaquia.

Passiflora alata
Maracujazeiro, flor-da-paixão, maracujá-doce

Família das passifloráceas (*Passifloraceae*)

Syn.: *Passiflora alata* var. *latifolia*; *Passiflora latifolia*; *Passiflora phoenicia*

Cultivado principalmente por conta de seus frutos saborosos, o maracujazeiro também impressiona pela beleza de suas flores, que despontam de meados do inverno até o final do verão. Elas são grandes – medem até 12 cm de diâmetro –, perfumadas, e exibem belos nuances avermelhados. Os frutos, que maturam entre o verão e o outono, são amarelos quando maduros, têm formato que lembra o do mamão e polpa doce. A trepadeira frutífera pode ser conduzida em alambrados e caramanchões sob sol pleno e aprecia solo rico em matéria orgânica, bem drenado e mantido úmido. É nativa de praticamente todo o Brasil e típica tanto de clima tropical como subtropical. Reproduz-se por sementes.

Passiflora coccinea

Maracujazeiro-poranga, maracujá-de-flor-vermelha, maracujá-poranga

Família das passifloráceas (*Passifloraceae*)

Syn.: *Passiflora coccinea* var. *minor*; *P. coccinea* var. *velutina*; *P. fulgens*; *P. toxicaria*; *P. velutina*

De todos os maracujazeiros, este é um dos mais cultivados para fins paisagísticos, e geralmente é usado para adornar arquinhos, cercas, treliças e caramanchões sob sol pleno. Seu principal atrativo são as flores vermelho-vibrantes, de até 12 cm de diâmetro, que despontam entre a primavera e meados do verão. Os frutos ácidos e pouco apreciados amadurecem do verão até meados do outono. Nativa da região amazônica, do Centro-Oeste e do Nordeste do Brasil, a espécie é típica de clima tropical quente e úmido, não tolerante ao frio subtropical. Gosta de solo arenoargiloso acrescido de matéria orgânica, e reproduz-se por sementes.

Pereskia aculeata

Trepadeira-limão, ora-pro-nóbis

Família das cactáceas (*Cactaceae*)

Syn.: *Cactus lucidus*; *C. Pereskia*; *Pereskia aculeata* var.*godseffiana*; *P. aculeata* var. *lanceolata*; *P. aculeata* var. *longispina*; *P. aculeata* var. *rotundifolia*; *P. aculeata* var. *rubescens*; *P. aculeata* f. *rubescens*; *P. foetens*; *P. fragrans*; *P. godseffiana*; *P. longispina*; *P. pereskia*; *P. rubescens*; *P. undulata*

Ornamental mesmo quando não está florida, esta trepadeira revela toda a sua beleza no outono, período em que despontam suas flores, que oscilam entre o amarelo-esbranquiçado e o verde-esbranquiçado. Com apenas 5 cm de diâmetro, elas têm pétalas sobrepostas e um agradável perfume de limão, que inspirou seu nome popular. No inverno, surgem os frutinhos ornamentais redondos, alaranjados e espinhentos, que podem ser consumidos *in natura*. Espinhenta, a trepadeira-limão pode ser conduzida em muros, cercas e alambrados como planta defensiva, sob sol pleno ou à meia-sombra. Seus ramos vigorosos medem até 10 m de comprimento. Nativa de grande parte das ilhas do Caribe, do Haiti até Trinidad e Tobago; do Panamá, na América Central; da Colômbia até a Guiana Francesa, no norte da América do Sul; do Brasil, Paraguai e da região Nordeste da Argentina, ela é característica tanto de clima tropical como subtropical e gosta de solo arenoargiloso. Reproduz-se por sementes ou estaquia.

Pyrostegia venusta

Flor-de-São-João, cipó-de-São-João

Família das bignoniáceas (*Bignoniaceae*)

Syn.: *Bignonia ignea*; *B. tecomiflora*; *B. tubulosa*; *B. venusta*; *Jacaranda echinata*; *Pyrostegia amabilis*; *P. dichotoma*; *P. ignea*; *P. ornata*; *P. pallida*; *P. parvifolia*; *P. puberula*; *P. reticulata*; *P. tecomiflora*; *P. tubulosa*; *P. venusta* var. *typica*; *P. venusta* var. *villosa*; *Tecoma venusta*; *Tynanthus igneus*

A flor-de-São-João é outra trepadeira que escolheu justamente o inverno, período em que a maior parte das plantas está em dormência, para exibir sua bela florada. Tubulares e com cerca de 6 cm de comprimento, as flores laranja-brilhantes despontam aglomeradas nas pontas dos ramos e atraem muitos beija-flores para o jardim. Ideal para ser conduzida em grandes cercas e alambrados, a espécie também pode encobrir caramanchões e arcos de entradas, sempre sob sol pleno. Originária do México, na América do Norte, de toda a América Central até o Paraguai e da região Nordeste da Argentina, na América do Sul, ela é característica tanto de clima tropical como subtropical e tem ramos de até 10 m de comprimento. Cultive-a em solo arenoargiloso acrescido de matéria orgânica. A reprodução é por sementes ou estaquia.

Thunbergia grandiflora
Tumbérgia-azul, azulzinha

Família das acantáceas (*Acanthaceae*)

Syn.: *Flemingia grandiflora*; *Pleuremidis grandiflora*; *Thunbergia adenophora*; *T. chinensis*; *T. cordifolia*; *T. lacei*

Uma das trepadeiras mais cultivadas nas regiões tropicais, a tumbérgia-azul tem flores azuladas e em forma de sino que despontam praticamente o ano inteiro. Como precisa de espaços amplos para crescer, ela é ideal para revestir grandes muros, alambrados de quadras esportivas, cercas extensas, caramanchões, pérgolas e até beirais de varandas, sempre sob sol pleno. Seus ramos podem chegar aos 10 m de comprimento, e ela é nativa desde a província de Fujian até Hainan, na costa sul da China, da Indochina, do Nepal, Butão e da Índia. Vai bem tanto em clima tropical quanto subtropical, e não é exigente quanto ao solo. A reprodução é por estaquia.

Wisteria floribunda
Glicínia, wistéria-japonesa

**Família das fabáceas
(*Leguminosae* / *Papilionaceae* / *Fabaceae*)**

Syn.: *Dolichos japonicus*; *Glycine floribunda*;
Kraunhia floribunda; *Millettia floribunda*; *Phaseolodes floribundum*;
Rehsonia floribunda; *Wisteria multijuga*

Poucas trepadeiras são páreo para a glicínia quando o assunto é a beleza da florada. De grande efeito ornamental, suas pequenas flores azul-violeta surgem em meados do inverno junto com a nova folhagem. Elas se agrupam em inflorescências longas e pendentes, com até 40 cm de comprimento, deixando mais bonito o visual de alambrados, pérgolas e caramanchões adornados pela espécie. Vigorosa e ramificada, a trepadeira tem ramos de até 9 m de comprimento e aprecia sol pleno. É nativa do Japão e da Coreia e, no Brasil, só vai bem em regiões de clima subtropical. O solo ideal é o arenoargiloso acrescido de matéria orgânica e mantido úmido. Já a reprodução se dá por sementes, alporquia ou estaquia.

Campsis radicans

Trombeta-americana

Família das bignoniáceas (*Bignoniaceae*)

Syn.: *Bignonia coccinea; B. florida; B. radicans; C. radicans f. aurea; C. radicans f. flava; C. radicans f. praecox; C. radicans var. aurea; B. radicans var. coccinea; B. radicans var. flammea; B. radicans var. flava; B. radicans var. lutea; B. radicans var. minor; B. radicans var. praecox; Campsis curtisii; C. radicans f. minor; C. radicans var. praecox; C. radicans var. speciosa; Gelseminum radicans; Tecoma radicans; T. radicans var. lutea; T. radicans var. minor; T. radicans var. praecox*

Se você gosta de beija-flores, vale a pena apostar na trombeta-americana para revestir muros e paredes. Eles simplesmente não conseguem resistir às flores vermelho-alaranjadas da espécie que se formam nas pontas dos ramos entre o verão e o outono. Em formato de trombeta, elas têm até 8 cm de comprimento e contrastam com os folíolos verdes, que caem no inverno. Por conta de seu sistema radicular, que adere bem a muros e colunas, a trepadeira é uma ótima pedida para revestir essas estruturas, mas também pode ser conduzida em cercas, alambrados e caramanchões. Evite apenas seu plantio próximo a telhados, pois os ramos da planta podem danificá-los. Originária da região Central dos Estados Unidos, a trombeta-americana tem ramos de até 12 m de comprimento, adapta-se bem ao clima subtropical de altitude e aprecia solo rico em matéria orgânica. A reprodução é por sementes e estaquia.

Ficus pumila

Unha-de-gato, herinha

Família das moráceas (*Moraceae*)

Syn.: *Ficus hanceana*; *F. longipedicellata*; *F. pumila* var. *lutchuensis*; *F. pumila* var. *pumila*; *F. repens*; *F. repens* var. *lutchuensis*; *F. scandens*; *F. stipulata*; *F. vestita*; *Urostigma scandens*

Foi o formato das folhas desta trepadeira, que lembra o das garras dos felinos, que rendeu a ela o nome popular de unha-de-gato. Ideal para revestir paredes e outras superfícies, ela é uma das trepadeiras mais cultivadas no mundo e demanda podas constantes, sob o risco de seus ramos engrossarem e começarem a crescer na horizontal. Nativa da região Central, Nordeste e Sul da China, do Japão, de Taiwan e do Vietnã, a espécie se adapta bem aos climas subtropical e tropical, e tem ramos de até 12 m de comprimento. Pouco exigente quanto ao solo, prefere o sol pleno, mas também se desenvolve à meia-sombra. A reprodução é por estaquia.

Ficus sagittata 'Variegata'

Figueira-trepadeira

Família das moráceas (*Moraceae*)

Syn.: *Ficus adhaerens; F. bordenii; F. carophylla; F. coccinella; F. compressicaulis; F. crininervia; F. lanaoensis; F. leptocarpa* var. *adhaerens; F. leptocarpa* var. *borneensis; F. leptocarpa* var. *crassa; F. leptocarpa* var. *oligosperma; F. leptocarpa* var. *subglabra; F. leptocarpa* var. *imorensis; F. oligosperma; F. radicans; F. ramentacea; F. ramosii; F. rigescens; F. rubrocarpa; F. sagittata* var. *adhaerens; F. sagittata* var. *minor; F. sagittata* var. *oligosperma; F. subrigida; F. tayabensis*

As folhas longas e verde-acinzentadas com manchas irregulares esbranquiçadas nas bordas fazem com que a figueira-trepadeira proporcione um efeito todo especial aos muros e às paredes encobertos por ela. Embora esse seja seu uso mais comum, a espécie também pode ser plantada em vasos e conduzida em estruturas colunares mediante podas constantes, decorando assim ambientes internos bem iluminados. Vai bem tanto sob sol pleno quanto à meia-sombra e aprecia os climas tropical e subtropical – ela é nativa do Himalaia e do sul da China até as Filipinas. O solo pode ser arenoargiloso, e a reprodução é por estaquia.

Parthenocissus tricuspidata

Hera-japonesa, falsa-vinha

Família das vitáceas (*Vitaceae*)

Syn.: *Acer nikoense*; *Ampelopsis haponica*; *A. minima*; *A. tricuspidata*; *A. veitchii*; *Cissus thunbergii*; *C. tricuspidata*; *Crula nikoense*; *C. nikoensis*; *Negundo nikoense*; *Parthenocissus thunbergii*; *Psedera thunbergii*; *P. tricuspidata*; *Vitis inconstans*; *V. taquetii*; *V. tricuspidata*

 Com folhagem densa e muito ornamental, a falsa-vinha é uma das trepadeiras mais cultivadas em todo o mundo. Suas folhas de bordas denteadas medem até 17 cm de comprimento, 16 cm de largura, e são verde-escuras brilhantes. Em regiões de clima frio, elas adquirem um vistoso tom vermelho-bronze no outono, antes de caírem no inverno. Nas regiões quentes, no entanto, o efeito não ocorre e a planta não perde totalmente as folhas. As flores pequenas e branco-esverdeadas surgem entre o final da primavera e o início do verão agrupadas em pequenos cachos, e são quase que imperceptíveis. Como a falsa-vinha se agarra a qualquer coisa que encontre pela frente, ela é ideal para encobrir muros, paredes e grandes fachadas, preferencialmente sob sol pleno, apesar de aceitar meia-sombra. Seus ramos passam dos 20 m de comprimento, e ela é nativa da região Nordeste da China, do Japão, da Coreia e de Taiwan. Aprecia solo rico em matéria orgânica e reproduz-se por estaquia.

Abutilon megapotamicum

Lanterninha-japonesa, sininho

Família das malváceas (*Malvaceae*)

Syn.: *Abutilon inflatum*; *Abutilon vexillarium*; *Periptera megapotamica*; *Sida megapotamica*

Delicadas e com formato que lembra sininhos, as flores da lanterninha-japonesa são perfeitas para enfeitar treliças e arquinhos, e despontam o ano todo, com maior intensidade no verão. Com até 4 cm de comprimento, elas são compostas por um vistoso cálice vermelho-intenso que envolve cinco pétalas amarelas e atraem beija-flores e borboletas para o jardim. Já as folhas, de até 8 cm de comprimento, são verde-escuras e em forma de coração, com as bordas serrilhadas. A espécie, que também pode ser cultivada como pendente em jardineiras suspensas, tem ramos de até 3 m de comprimento e é nativa do Rio Grande do Sul – provavelmente também do Uruguai e da região Nordeste da Argentina. Típica de clima subtropical, adapta-se ao calor tropical de altitude. Cultive-a sob sol pleno em regiões mais frias e à meia-sombra nas áreas mais quentes. O solo dever ser rico em matéria orgânica e mantido úmido. Já a reprodução se dá por estaquia.

Clerodendrum thomsoniae
Lágrima-de-Cristo, clerodendro-trepador

Família das lamiáceas (*Verbenaceae* / *Lamiaceae*)

É durante a primavera e o verão que despontam as flores da lágrima-de-Cristo. Delicadas e em forma de pingente, elas medem cerca de 4 cm de comprimento e se agrupam em inflorescências ramificadas e pendentes. As folhas, por sua vez, são compridas e pontiagudas, com nervuras acentuadas, e perecem no inverno. Por conta do crescimento moderado, a espécie é uma ótima opção para a condução em pequenas treliças, mas também pode enfeitar pequenas cercas ou bordar varandas com a ajuda de amarrilhos. Embora tolere sol pleno, ela prefere ambientes levemente sombreados e tem ramos que podem medir até 4 m de comprimento. A trepadeira é nativa desde o Senegal, no extremo oeste da África, até a República Democrática do Congo, na parte central do continente, e característica de clima tropical quente e úmido, tolerante ao frio subtropical de baixa altitude ou litorâneo, onde não ocorram geadas. Plante-a em solo rico em matéria orgânica e mantido úmido. A reprodução é por sementes, estaquia ou alporquia.

Ipomoea quamoclit
Campainha

Família das convolvuláceas (*Convolvulaceae*)

 De aspecto delicado, a campainha é uma trepadeira ornamental tanto por conta das flores quanto da folhagem, que lembra a das samambaias. Suas folhas de até 9 cm de comprimento são profundamente recortadas, e as flores, que podem chegar aos 4 cm de comprimento, vermelhas, tubulares e despontam continuamente ao longo do verão, atraindo borboletas e beija-flores. Indicada para a condução em treliças, arquinhos e pequenas cercas, tanto sob sol pleno quanto à meia-sombra, a espécie de ciclo anual tem ramos de até 6 m de comprimento. É originária do México e de toda a América Central, característica de clima tropical, mas tolera o frio subtropical de baixa altitude onde não ocorram geadas. Pode ser cultivada em solo rico em matéria orgânica e mantido úmido, e a reprodução é por sementes.

Mandevilla × amabilis

Mandevila, dipladênia

Família das apocináceas (*Apocynaceae*)

As flores em formato de funil com cinco pétalas pintadas de um tom de rosa muito intenso são o grande atrativo desta trepadeira híbrida. Com cerca de 10 cm de diâmetro, elas despontam durante boa parte do ano, principalmente no verão, e exalam um leve perfume adocicado semelhante a tutti-frutti. As folhas, por sua vez, medem até 15 cm de comprimento, são verde-escuras brilhantes e têm a superfície bem demarcada. Apesar de sua ramagem atingir até 6 m de comprimento, a mandevila não é considerada agressiva e pode ser conduzida sem problemas em treliças, arquinhos e cercas, sempre sob sol pleno. Ela é nativa da América tropical, tolerante ao frio subtropical de baixa altitude, gosta de solo rico em matéria orgânica e mantido úmido e reproduz-se por estaquia. A partir da hibridação dessa planta, foram desenvolvidos novos cultivares com flores de cores e formatos diversos, como os apresentados abaixo.

Mandevilla × amabilis 'Cata-vento'

Mandevilla × amabilis 'Rosa Grande'

Mandevilla × amabilis 'Rosa Dobrada'

Solanum seaforthianum

Trepadeira-doce-amarga

Família das solanáceas (*Solanaceae*)

Syn.: *Solanum cyrrhosum*; *S. kerrii*; *S. prunifolium*; *S. salignum*; *S. venustum*

 A trepadeira-doce-amarga dá um charme todo especial às treliças e aos arquinhos, principalmente no verão, quando despontam suas vistosas inflorescências de até 13 cm de comprimento. Elas são compostas de numerosas e pequenas flores estreladas azul-arroxeadas, e dão origem a frutinhos esféricos e vermelhos muito vistosos, porém tóxicos. As folhas de até 18 cm de comprimento são profundamente recortadas. Com comprimento que varia entre 3 m e 6 m, os ramos da espécie são finos e de aspecto delicado e crescem lentamente. A trepadeira é nativa de Trinidade e Tobago, no Caribe, e da Venezuela e da Colômbia, no norte da América do Sul. Típica de clima tropical, tolera bem o frio subtropical de baixa altitude onde não ocorram geadas e aprecia solo rico em matéria orgânica e mantido úmido. A reprodução é por sementes.

Thunbergia alata

Suzana-dos-olhos-negros, amarelinha

Família das acantáceas (*Acanthaceae*)

Syn.: *Endomelas alata*

A suzana-dos-olhos-negros é daquelas trepadeiras capazes de manter as treliças floridas o ano todo. Afinal, suas flores com 3 cm de diâmetro despontam em todas as épocas, porém com maior intensidade na primavera e no verão. Elas têm formato de trombeta e, na espécie-tipo, exibem um belo colorido amarelo-ouro com o centro marrom. Em outros cultivares, porém, as pétalas podem ser brancas, marrom-alaranjadas ou amarelas como a gema do ovo, sempre com o interior mais escuro. As folhas de até 9 cm de comprimento têm formato de coração, são encobertas por uma fina pelugem de textura aveludada e têm as bordas ligeiramente denteadas, em tom verde-petróleo. No paisagismo, a espécie também pode ser conduzida em cercas, alambrados, colunas, arquinhos e até cultivada como forração sob sol pleno ou em locais levemente sombreados. Também é muito usada em cestos ou vasos pendentes. Originária de grande parte da África, com exceção da região Norte, é característica tanto de clima tropical como subtropical e tem ramos de até 3 m de comprimento. Embora seja bem rústica, fica mais vistosa se cultivada em solo rico em matéria orgânica e mantido úmido. A reprodução é por sementes.

Asparagus setaceus

Aspargo-samambaia

Família das asparagáceas (*Liliaceae / Asparagaceae*)

Syn.: *Asparagopsis setacea; Asparagus asiaticus* var. *amharicus; A. lujae; A. plumosus; A. plumosus nanus; A. plumosus* var. *tenuissimus; A. tenuissimus; A. zanzibaricus; Protasparagus plumosus; P. setaceus*

À primeira vista, esta trepadeira até parece uma samambaia, tal a semelhança de suas folhas com as dessas plantas. Ela cresce lentamente – na fase juvenil é apenas uma touceira – e pode ser cultivada em vasos por um longo período, tanto decorando interiores bem iluminados como varandas. À medida que matura, porém, seus ramos se alongam e fazem dela uma espécie ideal para enfeitar pequenas treliças. Também pode ser usada para revestir troncos de árvores, sempre à meia-sombra. Ao longo do ano, principalmente durante o verão e o outono, o aspargo-samambaia é todo salpicado por diminutas flores brancas, que depois geram frutinhos. Eles são verdes a princípio, mas, com o passar dos dias, ficam pretos e atrativos para os pássaros. A trepadeira de ramos finos, com entre 3 m e 4 m de comprimento, é nativa desde a parte central da Etiópia, na porção mais oriental da África, até a África do Sul. Típica tanto de clima tropical como subtropical, aprecia solo rico em matéria orgânica. A reprodução é por sementes, divisão de touceiras ou mudas que nascem ao redor da planta-mãe.

Begonia radicans

Begônia-trepadeira, begônia-camarão

Família das begoniáceas (*Begoniaceae*)

Syn.: *Begonia digwilliana*; *B. dubia*; *B. fritz-muelleri*; *B. glaucophylla*; *B. glaucophylla* var. *scandens*; *B. limminghei*; *B. limmingheiana*; *B. lindeniana*; *B. procumbens*; *B. sandersii*

Ideal para a condução em treliças, em troncos de árvores ou o cultivo em vasos, como pendente, a begônia-trepadeira é uma espécie comum na Natureza, mas pouco usada nos jardins. Seus ramos longos e delicados contam com raízes adventícias que vão se fixando nas estruturas, mas apenas a uma altura de até 2 m. A partir de então, a ramagem não se prende mais e começa a crescer de forma pendente. As folhas de até 12 cm de comprimento têm as bordas onduladas e consistência suculenta. São verde-escuras brilhantes na parte de cima e arroxeadas na face de baixo. As flores vistosas, de até 2 cm de diâmetro, despontam em meados do inverno agrupadas em inflorescências curtas e pendentes. Elas são róseo-avermelhadas com nuances esbranquiçadas e têm textura cerosa. Fã de meia-sombra, a trepadeira é endêmica das encostas da Mata Atlântica das regiões Sul e Sudeste do Brasil, característica tanto de clima subtropical como tropical. Aprecia solo rico em matéria orgânica, solto, bem drenado e mantido sempre úmido. A reprodução se dá por sementes, por divisão dos rizomas e mais facilmente por estaquia das pontas dos ramos.

Hoya carnosa

Flor-de-cera, cerinha

Família das apocináceas (*Asclepiadaceae* / *Apocynaceae*)

Syn.: *Asclepias carnosa*; *Cynanchum carnosum*; *Hoya carnosa foliis-variegata*; *H. carnosa* f. *variegata*; *H. carnosa* var. *carnosa*; *H. carnosa* var. *gushanica*; *H. carnosa* var. *japonica*; *H. carnosa* var. *variegata*; *H. chinensis*; *H. cochinchinensis*; *H. compacta*; *H. intermedia*; *H. laurifolia*; *H. motoskei*; *H. picta*; *H. rotundifolia*; *H. skinneriana*; *H. variegata*; *Schollia carnosa*; *S. chinensis*; *S. cochinchinensis*; *S. crassifolia*; *Stapelia chinensis*; *Stapelia cochinchinensis*; *Triplosperma cochinchinensis*

As inflorescências em forma de guarda-chuva, que despontam entre meados da primavera e o início do verão, são o grande atrativo da flor-de-cera. Com até 8 cm de diâmetro, elas são compostas por inúmeras flores suculentas, de aparência cerosa, que inspiraram o nome popular da trepadeira. As folhas, por sua vez, têm formato elíptico, até 8 cm de comprimento, e são espessas. Enquanto a face superior é verde-escura brilhante, a inferior exibe um tom mais claro. Por ter um crescimento moderado e relativamente lento, a flor-de-cera pode ser conduzida em pequenas treliças, arquinhos e beirais de varanda à meia-sombra. Também é amplamente cultivada em vasos para decorar interiores bem iluminados, especialmente bordando janelas. Pouco ramificada e com ramos de até 6 m de comprimento, ela é originária do sul do Japão até Taiwan e, no continente, do sul da China até o Vietnã e a Malásia. Pode ser cultivada tanto em clima subtropical como tropical, em solo rico em matéria orgânica, poroso, bem drenado e mantido úmido. A reprodução é por sementes e, mais facilmente, por estaquia de ponteiros.

Maurandya barclayana

Trombeta-de-anjo

Família das plantagináceas (*Scrophulariaceae / Plantaginaceae*)

Syn.: *Asarina barclaiana*

Não há como o contraste entre as flores azul-violeta e as folhas verde-claras da trombeta-de-anjo passar despercebido no jardim. Própria para a condução em treliças ou biombos, a espécie tem flores tubulares, com entre 6 cm e 7 cm de comprimento, encobertas por uma fina pelugem. Outra opção é conduzi-la em caramanchões ou em beirais, para que sua ramagem forme uma cortina. Embora prefira meia-sombra, a trepadeira também pode ser cultivada sob sol pleno. Ela é nativa do México, desde o Estado de Coahuila, na região Norte, até o Estado de Oaxaca, na região Sul, característica tanto de clima subtropical como tropical, e tem ramos de até 3 m de comprimento. O solo deve ser rico em matéria orgânica, solto, bem drenado e mantido úmido. A reprodução se dá por sementes ou estaquia.

Selaginella willdenowii

Selaginela, samambaia-pavão

Família das selagineláceas (*Selaginellaceae*)

Syn.: *Lycopodium willdenowii*

Com folhagem que lembra muito as frondes das samambaias, a selaginela chama a atenção por conta da textura e do tom verde-azulado de suas folhas. Indicada principalmente para encobrir treliças e cercas, ela também pode ser conduzida em troncos de árvores ou cultivada como forração, sempre à meia-sombra ou à sombra. Seus ramos vigorosos medem até 6 m de comprimento, e a espécie é originária desde Myanmar até a Malásia, na Indochina; da Indonésia; e das Filipinas. Característica de clima tropical quente e úmido, não tolera o frio e deve ser plantada em solo rico em matéria orgânica e mantido úmido. A reprodução é por estaquia do rizoma.

Senecio macroglossus 'Variegatus'
Hera-do-Cabo

Família das asteráceas (*Compositae / Asteraceae*)

Syn.: *Senecio cupulatus*

As folhas triangulares, de até 8 cm de comprimento, conferem a esta trepadeira um visual muito parecido com o das heras. A espécie, no entanto, surpreende no verão, quando despontam suas inflorescências brancas ou amarelas de até 5 cm de diâmetro, muito parecidas com as das margaridas. Quando ficam maduras, as folhas mudam de formato e passam a exibir cinco pontas. Elas são verde-brilhantes com manchas branco-amareladas nas pontas, têm consistência suculenta e, ao serem maceradas, exalam um agradável aroma de limão. A hera-do-Cabo pode ser conduzida em pequenas treliças, biombos e divisórias ou cultivada em vasos como pendente. Outra opção é usá-la para forrar canteiros. Embora prefira meia-sombra, ela tolera o sol pleno em regiões de clima mais ameno. Seus ramos medem até 2 m de comprimento, e o cultivar variegado foi desenvolvido a partir da espécie-tipo, que é nativa do Zimbábue, Moçambique e África do Sul. Vai bem tanto em clima subtropical como tropical, e aprecia solo rico em matéria orgânica, solto, bem drenado e mantido úmido. A reprodução é por sementes ou estaquia.

Monstera deliciosa

Costela-de-Adão, banana-do-mato

Família das aráceas (*Araceae*)

Syn.: *Monstera borsigiana; M. deliciosa* var. *borsigiana; M. deliciosa* var. *sierrana; M. lennea; M. tacanaensis; Philodendron anatomicum; Tornelia fragrans*

    Ornamental por conta de suas folhas profundamente recortadas, com formato que lembra o de costelas, esta trepadeira é frequentemente vista escalando os troncos de árvores, mas também pode ser usada para encobrir paredes e muros, e, quando jovem, ser mantida em vaso decorando ambientes internos. Outra opção é cultivá-la como arbusto, no centro de um canteiro, para destacar a beleza de suas folhas de até 90 cm de comprimento. Originária do sul do México e da América Central, a espécie é típica de clima tropical, resistente ao frio subtropical, e tem ramos de até 20 m de comprimento. Aprecia meia-sombra e solo rico em matéria orgânica mantido úmido. A reprodução é por divisão de segmentos do caule na forma de estaquia.

Philodendron danteanum
Imbé-gigante

Família das aráceas (*Araceae*)

As folhas grandes, de até 90 cm de comprimento e 60 cm de largura, são o grande atrativo do imbé-gigante, uma trepadeira que geralmente é conduzida em troncos de árvores ou estruturas robustas, preferencialmente à meia-sombra. Como na Natureza ela se desenvolve rastejando rente ao solo, outra opção é usá-la como forração para grandes áreas. A trepadeira nativa da Venezuela tem ramos de até 6 m de comprimento e é característica de clima tropical úmido, tolerante ao frio subtropical de baixa altitude. Plante-a em solo rico em matéria orgânica mantido úmido. A reprodução é por divisão de segmentos da ramagem em forma de estaquia.

Philodendron elegans

Filodendro-elegante

Família das aráceas (*Araceae*)

Como o nome popular indica, este filodendro tem folhas delicadas de aspecto muito elegante, com até 53 cm de comprimento. Elas são profundamente recortadas e dão um efeito todo especial às árvores, já que o principal uso da espécie no paisagismo é subindo pelos troncos ou até mesmo pelas colunas da varanda, sempre à meia-sombra. Vigorosa, a trepadeira é originária da Colômbia e típica de clima tropical úmido, não tolerante ao frio subtropical de altitude. Cultive-a em solo rico em matéria orgânica e mantido úmido. A reprodução é por divisão de segmentos da ramagem em forma de estaquia.

Philodendron erubescens

Filodendro-roxo

Família das aráceas (*Araceae*)

O filodendro-roxo é uma das trepadeiras do gênero *Philodendron* mais cultivadas no mundo e cria um efeito muito interessante no paisagismo graças ao tom vermelho-arroxeado de seus ramos e folhas novas. As folhas mais maduras, por sua vez, são verde-acobreadas, medem até 35 cm de comprimento, têm formato de coração e textura coriácea. Nos jardins, a espécie é usada para encobrir troncos de árvores, mas nos ambientes internos costuma ser plantada em vasos. Ela gosta de meia-sombra, tem ramos de até 6 m de comprimento e é nativa da Colômbia. Típica de clima tropical, tolera bem o frio subtropical de baixa altitude, onde não ocorram geadas. Plante-a em solo rico em matéria orgânica e mantido úmido. A reprodução se dá por divisão de segmentos da ramagem em forma de estaquia.

Philodendron hederaceum

Filodendro-pendente, filodendro-cordato

Família das aráceas (*Araceae*)

Syn.: *Arum hederaceum; Pothos hederaceus*

O formato das folhas desta trepadeira é sempre de coração, mas o colorido pode variar bastante: há exemplares verde-escuros, amarelados e até variegados. Ideal para a condução nos troncos das árvores ou em colunas, a espécie também pode ser usada como forração ou plantada em vasos como pendente para decorar interiores bem iluminados. Nativo da América tropical, da região que vai do México até o Brasil, o filondendro-pendente é pouco tolerante ao frio, gosta de meia-sombra e de solo rico em matéria orgânica e mantido úmido. A reprodução é por divisão de segmentos da ramagem em forma de estaquia.

Philodendron 'Magesty'
Filodendro-roxo-cordato

Família das aráceas (*Araceae*)

Desenvolvido a partir do *Philodendron erubescens*, este filodendro híbrido tem folhas em forma de coração, cada uma com cerca de 25 cm de comprimento. Elas exibem um belo tom verde-acobreado na face de cima e avermelhado na parte de baixo, enquanto os caules e as hastes de sustentação das folhas são arroxeados. Muito cultivada em vasos decorando ambientes internos, a espécie também pode ser conduzida em troncos de árvores, sempre à meia-sombra. Típica de clima tropical, ela aprecia solo rico em matéria orgânica e mantido úmido. A reprodução é por divisão de segmentos da ramagem em forma de estaquia.

Rhaphidophora decursiva

Guaimbé-sulcado

Família das aráceas (*Araceae*)

Syn.: *Monstera decursiva; M. multijuga; Pothos decursivus; Rhaphidophora affinis; R. eximia; R. grandis; R. insignis; Scindapsus decursivus*

O principal uso do guiambé-sulcado no paisagismo é encobrindo troncos de árvores à meia-sombra com sua folhagem densa. As folhas verde-escuras, brilhantes e profundamente recortadas medem até 60 cm de comprimento, enquanto as inflorescências não têm valor ornamental. Vigorosa, a trepadeira tem ramos com 10 m de comprimento e é nativa da Índia, sul da China e da Indochina. Ela é típica de clima tropical úmido, não tolerante ao frio, e aprecia solo rico em matéria orgânica, principalmente na fase inicial de crescimento. A reprodução é por divisão de segmentos da ramagem em forma de estaquia.

Syngonium angustatum

Singônio

Família das aráceas (*Araceae*)

Syn.: *Nephthytis triphylla*; *Syngonium albolineatum*; *S. gracile*; *S. oerstedianum*; *S. podophyllum* var. *albolineatum*; *S. podophyllum* var. *oerstedianum*

Embora fique lindo em vasos, decorando interiores ou varandas bem iluminadas, é no jardim que o singônio mostra todo o seu esplendor, seja conduzido nos troncos das árvores, seja forrando canteiros, sempre à meia-sombra. Nativo das florestas do México, da América Central, da Colômbia e do norte do Brasil, ele é típico de clima tropical quente e úmido, pouco tolerante ao frio. Gosta de solo rico em matéria orgânica e mantido úmido, e a reprodução é por divisão de segmentos da ramagem em forma de estaquia.

Epipremnum aureum
Jiboia, hera-do-diabo

Família das aráceas (*Araceae*)

Syn.: *Epipremnum mooreense*; *Pothos aureus*; *Rhaphidophora aurea*; *Scindapsus aureus*

As folhas verde-claras e brilhantes são o grande atrativo desta trepadeira, que é muito usada para forrar jardins, à meia-sombra, embora também possa ser cultivada sob sol pleno. Elas medem entre 15 cm e 20 cm de comprimento e, quando jovens, têm formato de coração. Com o tempo, vão ganhando manchas amareladas de grande efeito ornamental. Ao encontrar uma árvore ou palmeira no caminho, a jiboia rapidamente escala até a copa, já que seus ramos podem chegar aos 20 m de comprimento. Ela é endêmica da Polinésia Francesa – especialmente da ilha de Moorea, no arquipélago da Sociedade, no centro-sul do Oceano Pacífico –, característica de clima tropical quente e úmido, tolerante ao frio subtropical de baixa altitude ou litorâneo. O solo deve ser poroso, rico em matéria orgânica e bem drenado. A reprodução se dá pela estaquia de segmentos do caule.

Hedera algeriensis 'Gloire de Marengo'

Hera-da-Argélia-gloire-de-marengo, hera-argelina-gloire-de-marengo

Família das araliáceas (*Araliaceae*)

Syn.: *Hedera canariensis* 'Foliis Variegatus'; *Hedera canariensis* 'Gloire de Marengo'; *Hedera canariensis* 'Variegata'

Considerada uma das heras mais populares cultivadas no mundo, esta espécie tem folhas marmorizadas que mesclam diversos tons de verde com cinza ou prateado e manchas irregulares brancas ou amareladas nas bordas. Elas são triangulares, podem chegar aos 11 cm de diâmetro e, com a maturidade, mudam de forma, ficando oval-lanceoladas e com a superfície coriácea. Seu principal uso no paisagismo é na forração de taludes, mas a espécie também pode encobrir fachadas de construções bordando portas e janelas. Outros usos são como pendente em vasos, mediante podas constantes e conduzida em árvores e cercas à meia-sombra. De origem desconhecida, ela é típica de clima subtropical, tolerante ao calor tropical de altitude, e pode chegar aos 4 m de comprimento. Plante-a em solo rico em matéria orgânica, bem drenado e mantido úmido. A reprodução é por estaquia.

Hedera helix

Hera-inglesa, hera

Família das araliáceas (*Araliaceae*)

Syn.: *Hedera poetica*; *Hedera communis*; *Hedera poetarum*; *Hedera helix* var. *vulgaris*

Rústica como poucas trepadeiras, a hera-inglesa é uma das plantas mais cultivadas no mundo, e suas folhas verde-claras e brilhantes podem apresentar formatos bem variados, incluindo o triangular e o de coração. Quando maduras, no entanto, desenvolvem cinco pontas, passam a exibir um formato palmado e nervuras acentuadas. Adquirem ainda textura coriácea e um tom verde-oliva. Muito usada como forração, a espécie conta com poderosas raízes adventícias que permitem a ela se agarrar a muros, paredões rochosos, árvores e qualquer superfície porosa. Outra particularidade desta planta é que, quando adulta, ela produz inflorescências em forma de guarda-chuva, compostas por pequenas flores amareladas que medem entre 5 mm e 7 mm de diâmetro. Elas não têm valor ornamental, mas geram frutinhos azul-escuros ou pretos que as aves adoram. Embora possa ser cultivada sob sol pleno, a hera-inglesa se adapta melhor à meia-sombra. Seus usos no paisagismo vão da forração do solo à composição de vasos mix e jardins verticais. Nativa de toda a Europa, incluindo a Europa Oriental até a Turquia, a planta pode chegar aos 30 m de comprimento e se adapta a uma boa variedade de climas, incluindo o subtropical, o subtropical árido e o tropical de altitude. Ela deve ser cultivada em solo rico em matéria orgânica e bem drenado, e reproduz-se por sementes, que precisam ser escarificadas para germinar.

Hedera helix 'Duck Foot'

Hera-inglesa-duck-foot, hera-inglesa-pé-de-pato

Família das araliáceas (*Araliaceae*)

O tamanho compacto das folhas, que não passam dos 2 cm de diâmetro, é o principal diferencial deste cultivar de *Hedera helix*. Elas são verde-claras quando novas e verde-escuras quando maduras.

Hedera helix 'Fantasia'

Hera-inglesa-fantasia

Família das araliáceas (*Araliaceae*)

As folhas desta variedade de hera-inglesa medem até 6 cm de diâmetro e são verdes, salpicadas com manchas branco-amareladas. Suas veias também são bem acentuadas. Eventualmente, a variegação pode retroceder, e a folha, ficar totalmente verde.

Hedera helix 'Gold Child'

Hera-inglesa-gold-child, hera-inglesa-criança-dourada

Família das araliáceas (*Araliaceae*)

Muito popular, o cultivar de hera-inglesa mescla tons de verde com uma acentuada variegação amarelada. Quanto mais fria for a região de cultivo, mais dourada a folha fica. Em locais mais quentes, ela fica mais esbranquiçada.

Hedera helix 'Minty'

Hera-inglesa-minty

Família das araliáceas (*Araliaceae*)

Syn.: *Hedera helix* 'Mint Kolibri'

Considerada um dos mais belos cultivares de hera-inglesa, a planta exibe nas folhas um complexo mix de tons de efeito marmorizado.

Hedera canariensis

Hera-das-Canárias

Família das araliáceas (*Araliaceae*)

Syn.: *Hedera canariensis* var. *arborescens*;
H. canariensis var. *aureomaculata*;
H. canariensis var. *marginomaculata*; *H. canariensis* var. *striata*;
H. canariensis var. *viridis*; *H. grandifolia*;
H. grandifolia var. *pallida*; *H. grandifolia* var. *viridis*;
H. helix var. *canariensis*; *H. helix* subsp. *canariensis*;
H. sevillana; *H. viridis*

Assim como a maior parte das heras, a *Hedera canariensis* é uma ótima espécie para revestir taludes, mas também pode ser cultivada em vasos ou conduzida em árvores, cercas e muros. Seu principal atrativo são as folhas verdes, de formato que lembra um coração. Com ramos de até 30 m de comprimento, a planta endêmica do arquipélago das Canárias é típica de clima subtropical, tolerante ao calor tropical ameno ou de altitude. O solo pode ser rico em matéria orgânica, bem drenado e mantido úmido. A reprodução se dá por sementes ou por estaquia, sendo que esta última é a mais comum.

Ipomoea pes-caprae

Salsa-da-praia, batata-da-praia

Família das convolvuláceas (*Convolvulaceae*)

Syn.: *Batatas maritima*; *Bonanox orbicularis*; *Convolvulus bauhiniifolius*; *C. biglandulosus*; *C. bilobatus*; *C. brasiliensis*; *C. capripes*; *C. maritimus*; *C. pes-caprae*; *C. retusus*; *C. rotundifolius*; *Ipomoea aegopoda*; *I. biloba*; *I. bilobata* var. *emarginata*; *I. brasiliensis*; *I. brevipes*; *I. maritima*; *I. orbicularis*; *I. pes-caprae* f. *albiflora*; *I. pes-caprae* f. *arenaria*; *I. pes-caprae* subsp. *brasiliensis*; *I. pes-caprae* var. *biloba*; *I. pes-caprae* var. *brasiliensis*; *I. pes-caprae* var. *emarginata*; *I. pes-caprae* var. *perunkulamensis*; *I. rotundifolia*; *Latrienda brasiliensis*; *Plesiagopus brasiliensis*; *P. cuneifolia*; *P. maritima*; *P. rotundifolia*; *P. sovana*

Muito comum em regiões litorâneas de clima tropical e subtropical de diversas partes do mundo, a salsa-da-praia tem folhas grandes e vistosas, com cerca de 10 cm de comprimento, que despontam de forma esparsa ao longo dos ramos. Elas são verde-claras, em forma de coração, praticamente lisas em ambas as faces e espessas, com uma textura coriácea. As flores, por sua vez, têm forma de trombeta e até 5 cm de comprimento. São róseo-púrpuras com o miolo mais escuro e despontam praticamente o ano todo. Os frutos são cápsulas oblongas contendo duas ou quatro sementes. Fã de sol pleno, a trepadeira tem seu cultivo restrito a regiões litorâneas, plantada direto na areia, sob sol pleno. Seus ramos atingem 30 m, e a reprodução se dá por sementes, por segmentos dos ramos ou dos estolões já enraizados.

Syngonium podophyllum

Singônio, singônio-ponta-de-flecha

Família das aráceas (*Araceae*)

Embora seja muito cultivado em vasos decorando varandas e interiores bem iluminados, é no jardim que o singônio mostra todo o seu potencial, forrando grandes canteiros, compondo bordaduras ou conduzido em troncos de árvores, sempre à meia-sombra. Quando jovens, suas folhas têm formato de flecha, cerca de 13 cm de comprimento, tom verde-petróleo com manchas branco-amareladas e veias bem marcadas. Essa é sua fase mais ornamental. Já ao atingir a maturidade, elas ficam totalmente verdes e vão mudando de forma. O singônio é nativo da região que vai do México até a parte central do Brasil, e seus ramos podem medir de 2 m a 3 m de comprimento. Típico de clima tropical, ele não tolera o frio e deve ser plantado em solo rico em matéria orgânica e mantido úmido. A reprodução é por divisão de segmentos da ramagem em forma de estaquia.

Tropaeolum majus

Capuchinha, nastúrcio

Família das tropeoláceas (*Tropaeolaceae*)

Syn.: *Cardamindum majus*; *Nasturtium indicum*; *Tropaeolum pinnatum*; *T. quinquelobum*; *Trophaeum majus*

Foi graças aos jardins de Monet, em Giverny, na França, onde é cultivada como forração no corredor central, que esta trepadeira ganhou fama mundial. A espécie, que é famosa por suas belas flores em forma de sino e com 6 cm de diâmetro – elas podem ser amarelas, alaranjadas, avermelhadas ou creme –, floresce a partir de meados da primavera até o início do outono. As folhas de 10 cm de diâmetro são arredondadas, com a borda ligeiramente ondulada, e têm veias bem visíveis irradiando do centro para o exterior. Embora seu uso mais comum seja como forração, a capuchinha também pode ser cultivada em vasos mix e em hortas – para essas situações deve-se dar preferência ao cultivar anão da espécie. De ciclo anual, ela aprecia sol pleno e solo arenoargiloso, ligeiramente ácido e bem drenado. É nativa da Cordilheira dos Andes na Colômbia, Equador, Peru, Bolívia e, provavelmente, norte do Chile, onde a altitude varia entre 500 m e 2.000 m. Aprecia clima subtropical, e o solo pode ser arenoargiloso, ligeiramente ácido e bem drenado. A reprodução se dá por sementes, que germinam com facilidade ao redor da planta-mãe e fazem da espécie uma planta invasiva.

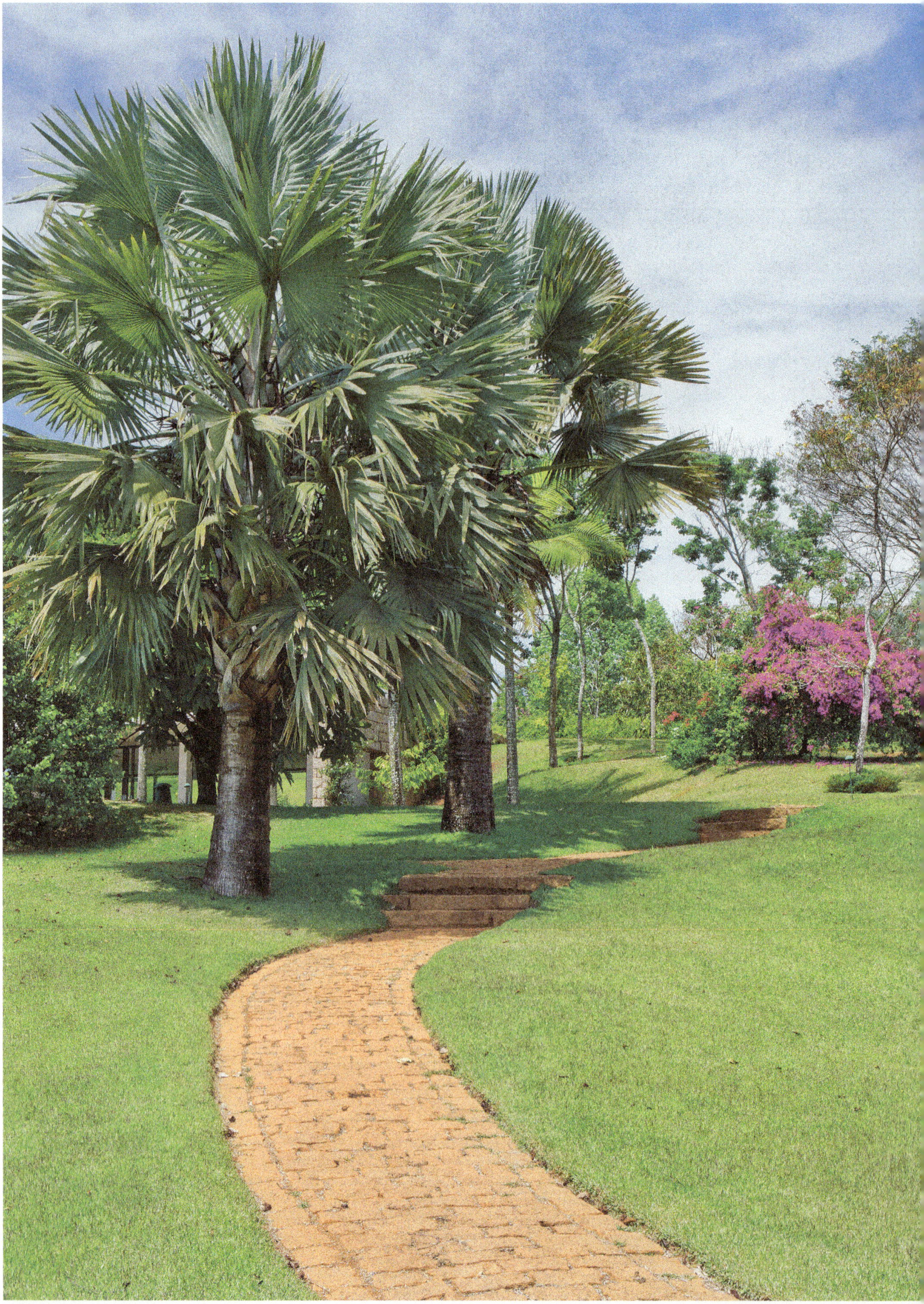

Esculturais

Ter um elemento de destaque, daqueles que todo mundo nota logo de cara, faz uma diferença e tanto no paisagismo, e as plantas esculturais são, de longe, as mais indicadas para desempenhar esse papel. Com formas majestosas e porte geralmente avantajado, elas fazem as vezes de esculturas vivas: basta plantá-las no centro de um canteiro, de uma praça, ou no topo de um morrote para que ela imediatamente roube a cena.

A variedade de espécies que fazem parte do grupo das esculturais é grande, e inclui arbustos ornamentais com folhas longas e rígidas, cactos, suculentas, coníferas e até palmeiras. A maior parte delas fica melhor quando cultivada sozinha ou em pequenos grupos de plantas iguais, forradas por espécies menores que não interfiram em seu visual. As exceções são as palmeiras, que também podem ser enfileiradas para formar aleias junto a caminhos.

Agave americana subsp. *americana*

Agave-americana-variegada

Família das asparagáceas (*Agavaceae / Asparagaceae*)

Syn.: *Agave altissima*; *A. americana* var. *marginata*; *A. americana* var. *mediopicta*; *A. americana* var. *picta*; *A. americana* f. *picta*; *A. americana* var. *striata*; *A. americana* var. *subtilis*; *A. americana* var. *theometel*; *A. americana* var. *variegata*; *A. americana* f. *virginica*; *A. communis*; *A. complicata*; *A. cordillerensis*; *A. felina*; *A. fuerstenbergii*; *A. gracilispina*; *A. ingens*; *A. melliflua*; *A. milleri*; *A. ornata*; *A. picta*; *A. ramosa*; *A. rasconensis*; *A. salmiana* var. *gracilispina*; *A. subtilis*; *A. subzonata*; *A. theometel*; *A. variegata*; *A. virginica*; *A. zonata*

A roseta de folhas verdes e carnosas com as bordas amareladas e até 2 m de altura já seria atrativo o suficiente para a agave-americana-variegada merecer um lugar de destaque em qualquer jardim. Só que a planta vai além e fica ainda mais interessante com o passar do tempo, conforme suas folhas mais periféricas começam a se curvar. Ela enfeita o jardim por cerca de 15 anos, idade em que desponta sua longa inflorescência, de até 8 m de altura, composta de flores amareladas e perfumadas à noite. A florada marca o início do ciclo degenerativo da espécie – que antes de perecer ainda produz mudas ao longo de sua haste floral. Suculenta rizomatosa de até 2 m de altura e de diâmetro, a espécie nativa dos Estados do Arizona e do Texas, nos Estados Unidos, e do México é típica de clima subtropical árido. O solo pode ser arenoso acrescido de matéria orgânica e regado a intervalos. A reprodução é pelos bulbilhos que se desenvolvem na haste floral e pelas mudas que brotam ao redor da planta-mãe.

Agave angustifolia var. *angustifolia*
Piteira-do-Caribe

Família das asparagáceas (*Agavaceae / Asparagaceae*)

Syn.: *Agave aboriginum*; *A. angustifolia* var. *marginata*; *A. angustifolia* var. *nivea*; *A. angustifolia* var. *variegata*; *A. bergeri*; *A. breedlovei*; *A. bromeliifolia*; *A. costaricana*; *A. cuspidata*; *A. donnell-smithii*; *A. elongata*; *A. endlichiana*; *A. excelsa*; *A. flaccida*; *A. flavovirens*; *A. houlletii*; *A. ixtli*; *A. ixtlioides*; *A. jacquiniana*; *A. kirchneriana*; *A. lespinassei*; *A. lurida*; *A. lurida* var. *jacquiniana*; *A. nivea*; *A. owenii*; *A. pacifica*; *A. panamana*; *A. prainiana*; *A. prolifera*; *A. punctata*; *A. rigida*; *A. rigida* var. *longifolia*; *A. serrulata*; *A. sicifolia*; *A. theoxmuliana*; *A. vivipara* var. *bromeliifolia*; *A. vivipara* var. *marginata*; *A. vivipara* var. *nivea*; *A. wightii*; *A. yaquiana*; *A. yxtli*; *A. zapupe*; *Furcraea rigida*

As folhas carnosas e rígidas deste agave nascem em forma de roseta e fazem a diferença no paisagismo com seu belo colorido – são verdes com margens amareladas. Suas bordas exibem espinhos curtos, e na parte terminal das folhas desponta um grande e perigoso espinho rígido. Cerca de dez anos após o plantio, uma longa inflorescência amarela, com flores dispostas em forma de escova, se forma. Ela mede cerca de 5 m de altura e, após a florada, dá origem a pequenas mudas que substituirão a planta-mãe, cujo ciclo chega ao fim. Ideal para jardins amplos, a espécie pode ser plantada isolada ou em grupos, sempre sob sol pleno. Ela é nativa do México e da América Central, típica tanto de clima subtropical árido quanto tropical e pode chegar a 1 m de altura e de diâmetro. Plante-a em solo arenoso, acrescido de matéria orgânica e regado a intervalos. A reprodução é por bulbilhos que se desenvolvem na haste floral ou pelas mudas ao redor da planta-mãe.

Agave de-meesteriana
Agave

Família das asparagáceas (*Agavaceae* / *Asparagaceae*)

Syn.: *Agave ananassoides*; *A. desmetiana*; *A. miradorensis*; *A. miradorensis* var. *regeliana*; *A. regeliana*

Cultivado isolado ou em grupos, o agave traz sofisticação ao jardim com seu porte escultural. A espécie de até 1 m de altura tem folhas verde-escuras e ligeiramente recurvadas dispostas em forma de roseta, que, assim como as de boa parte dos agaves, apresentam pequenos espinhos nas bordas e um espinho maior e agressivo na parte terminal. A inflorescência que marca o início da degeneração da planta desponta seis anos após o plantio no alto de uma longa haste de até 3 m de altura. Ela é composta por pequenas flores amareladas que se agrupam em conjuntos que mais parecem uma escova. Após a florada, novas mudas surgem ao longo dessa haste. O agave é nativo do México, típico de clima subtropical árido – mas tolera bem o calor tropical –, e deve ser plantado sempre sob sol pleno. O solo pode ser arenoso, acrescido de matéria orgânica e regado a intervalos. A reprodução é por bulbilhos da haste ou mudas que nascem ao redor da planta-mãe.

Agave geminiflora
Agave-palito

Família das asparagáceas (*Agavaceae / Asparagaceae*)

Syn.: *Agave angustissima*; *A. geminiflora* var. *filamentosa*; *A. geminiflora* var. *filifera*; *Bonapartea flagelliformis*; *B. juncea*; *Dracaena boscii*; *D. filamentosa*; *Littaea geminiflora*; *L. juncea*; *Tillandsia juncea*; *Yucca boscii*

    O fato de as finas folhas nascerem formando belas rosetas é apenas um dos aspectos que fazem do agave-palito uma planta muito ornamental. Os cerca de 60 cm de comprimento, a consistência rígida e o tom verde-escuro, que contrasta com os filamentos longos e esbranquiçados nas bordas: tudo parece ser milimetricamente calculado para fazer da espécie uma escultura viva. A suculenta vive cerca de dez anos e pode desenvolver um tronco curto. Floresce uma única vez na vida, no outono, e sua inflorescência, que mede de 2,5 a 3,5 m de altura, é composta de inúmeras flores amarelo-avermelhadas. Após a floração, a planta entra em processo degenerativo. O agave-palito pode ser cultivado isoladamente ou em grupos, sob sol pleno, sempre como planta de destaque. É nativo de Nayarit, na região Oeste do México, e típica de clima tropical. O solo pode ser arenoso, acrescido de matéria orgânica e regado a intervalos. Já a reprodução é por sementes ou brotos da inflorescência.

Agave vilmoriniana
Agave-polvo

Família das asparagáceas (*Agavaceae / Asparagaceae*)

Syn.: *Agave eduardi*; *Agave houghii*; *Agave mayoensis*

De tão retorcidas, as folhas longas, finas e carnosas deste agave mais parecem os tentáculos de um polvo. Daí seu nome popular. Verde-escuras e com um único espinho na ponta, elas nascem formando uma roseta de 1,5 m de diâmetro e 1 m de altura. A inflorescência – que mede 7 m de altura e é composta por inúmeras flores amareladas – desponta de sete a 15 anos após o plantio e marca o início do ciclo degenerativo da espécie. O agave-polvo pode ser cultivado isoladamente ou em grupos, em jardins amplos, sob sol pleno. É originário das regiões Norte e Oeste do México e característico de clima subtropical árido. O solo pode ser arenoso, acrescido de matéria orgânica e regado a intervalos. A reprodução é por bulbilhos ou, mais raramente, por mudas.

Agave weberi

Agave-azul

**Família das asparagáceas
(*Agavaceae* / *Asparagaceae*)**

Syn.: *Agave franceschiana; Agave neglecta*

O tom azul-acinzentado deste agave é capaz de criar um contraste incrível nos jardins, seja a espécie plantada isolada ou em grupos. Com espinhos curtos ao longo da borda e um mais longo e rígido na ponta, as folhas largas da espécie têm a parte terminal levemente curvada e brotam formando uma bela roseta. A inflorescência, de até 4,5 m de altura e repleta de flores amareladas, surge dez anos após o plantio, marcando o fim do ciclo de vida da planta. O agave-azul mede 1,5 m de altura, 3 m de diâmetro e gosta de sol pleno. Endêmico dos Estados de San Luis Potosí e Tamaulipas, na região Nordeste do México, é típico de clima subtropical árido, mas tolera bem o calor tropical. O solo pode ser arenoso, acrescido de matéria orgânica e regado a intervalos. A suculenta reproduz-se por bulbilhos que se desenvolvem na haste floral e por mudas que nascem ao redor da planta-mãe.

Beaucarnea guatemalensis

Falsa-pata-de-elefante, pata-de-elefante

Família das asparagáceas (*Agavaceae* / *Asparagaceae*)

Syn.: *Nolina guatemalensis*

Foi a semelhança com a pata-de-elefante (*Beaucarnea recurvata*), principalmente na fase juvenil, que rendeu a este arbusto o nome de falsa-pata-de-elefante. Seu principal atrativo é o tronco dilatado na base – porém menos que o da pata-de-elefante –, recurso que a planta desenvolveu para armazenar água e sobreviver a longas estiagens típicas das regiões áridas. Também chamam a atenção as folhas longas e estreitas que nascem em tufos na ponta do caule. As inflorescências só surgem quando a espécie chega à fase adulta, e são eretas, ramificadas e compostas de inúmeras pequenas flores esbranquiçadas. Por conta do crescimento lento, a falsa-pata-de-elefante pode ser mantida em vasos por longos períodos. No jardim, o ideal é cultivá-la como planta de destaque, sob sol pleno. Originária da Guatemala e Nicarágua, na América Central, a espécie de até 8 m de altura é típica de clima tropical árido, tolerante ao frio subtropical. Aprecia solo arenoso, regado apenas quando estiver seco, e a reprodução é por sementes.

Beaucarnea recurvata

Nolina, pata-de-elefante

Família das asparagáceas (*Agavaceae / Asparagaceae*)

Syn.: *Beaucarnea inermis*; *B. tuberculata*; *Dasylirion inerme*; *D. inermis*; *D. recurvatum*; *Nolina recurvata*; *Pincenectitia tuberculata*

  Em canteiros ou em vasos, a pata-de-elefante faz as vezes de escultura e merece um lugar de destaque no paisagismo. Sua característica mais marcante é o caule dilatado, de onde partem os ramos com folhas estreitas, compridas e pendentes agrupadas em tufos. Cerca de dez anos após o plantio, no verão, surgem as inflorescências espigadas, cheias de minúsculas flores esbranquiçadas. Como a planta é dioica, é necessário que haja a polinização cruzada para que elas deem origem a frutinhos vermelhos. Por conta do crescimento lento, o arbusto pode ser mantido em vaso por bastante tempo, mas na fase adulta deve ser transplantado para canteiros mais amplos, sempre sob sol pleno. A espécie de até 8 m de altura é nativa do México, característica de clima tropical árido e tolerante ao frio subtropical. Aprecia solo arenoso e regado apenas quando estiver seco, e reproduz-se por sementes.

Bismarckia nobilis
Palmeira-azul, palmeira-de-Bismarck

**Família das arecáceas
(*Palmae / Arecaceae*)**

Syn.: *Medemia nobilis*

A folhagem imponente e de tom acinzentado faz desta palmeira uma das mais apreciadas em todo o mundo por conta de sua beleza escultural. As folhas de mais de 2 m de diâmetro e em forma de leque roubam a cena no paisagismo de parques e jardins espaçosos, onde a espécie pode ser cultivada isolada ou em grupos. Dioica, ela apresenta flores femininas e masculinas em plantas separadas, tronco único e pode chegar aos 30 m de altura. É nativa das savanas das regiões mais secas de Madagáscar e típica de clima tropical, tolerante ao frio subtropical. Pouco exigente quanto ao solo, pode ser plantada em terreno arenoso, e reproduz-se por sementes.

Cereus repandus 'Spiralis'
Cacto-parafuso

Família das cactáceas (*Cactaceae*)

Este cacto arbustivo tem um curioso aspecto escultural, proporcionado pelos segmentos cilíndricos e retorcidos que mais parecem uma rosca de parafuso – daí seu nome popular. De crescimento lento, ele pode atingir até 3 m de altura e, na fase adulta, desenvolver outros segmentos que despontam a partir da base. As flores surgem a partir de meados da primavera e durante o verão, têm formato de funil, são grandes – medem até 30 cm de diâmetro – e exibem um colorido esbranquiçado. A espécie pode ser cultivada isoladamente ou em grupos, em canteiros ou em jardins de pedras, sempre sob sol pleno. Na fase juvenil, também é muito usada em vaso para decorar interiores bem iluminados. Cacto perene e característico de clima tropical, é tolerante ao frio subtropical. O solo deve ser arenoso e regado uma vez por semana no verão, e a multiplicação é por estaquia dos segmentos cilíndricos.

Cycas circinalis

Cica, palmeira-samambaia

Família das cicadáceas (*Cycadaceae*)

Syn.: *Cycas circinalis* var. *angustifolia*; *C. circinalis* subsp. *circinalis*; *C. circinalis* f. *circinalis*; *C. circinalis* f. *gothanii*; *C. circinalis* f. *undulata*; *C. rumphii* f. *undulata*; *C. squamosa*; *C. squarrosa*; *C. undulata*; *C. wallichii*; *Palma polypodiifolia*

Nobre e vigorosa, a palmeira-samambaia é considerada uma escultura viva e pode ser plantada tanto isolada quanto em grupos. Seu tronco curto e robusto é encoberto pelas cicatrizes das folhas que já caíram e cresce lentamente. Embora o arbusto geralmente apresente uma única coroa, com frondes longas e recurvadas, de até 2,5 m de comprimento, às vezes acontece de, com a idade, o caule se ramificar e desenvolver novas coroas, o que deixa a planta ainda mais interessante. A espécie masculina desenvolve uma curiosa inflorescência cônica, de até 30 cm de altura, no centro da coroa, enquanto a feminina produz frutos esféricos que nascem na base externa da coroa. A palmeira-samambaia mede até 4 m de altura e pode ser cultivada isoladamente ou em grupos, sob sol pleno ou à meia-sombra. Endêmica do sul da Índia – ocorre nos Estados de Karnataka, Kerala e Tamil Nadu –, ela é típica de clima tropical, tolerante ao frio subtropical de baixa altitude, e aprecia solo arenoargiloso. A reprodução é pelas sementes dos frutos ou pelos filhotes que nascem na base do tronco.

Cycas revoluta
Cica, sagu

Família das cicadáceas (*Cycadaceae*)

Syn.: *Cycas aurea*; *C. inermis*; *C. miquelii*; *C. revoluta* var. *revoluta*; *Epicycas miquelii*

Nenhuma espécie escultural é tão frequente nos jardins brasileiros quanto a cica. De crescimento muito lento, ela tem frondes longas e rígidas que nascem no ápice do tronco formando uma coroa. Nas plantas masculinas, a inflorescência é grande e cônica, enquanto nas femininas elas são um grande globo felpudo. A espécie pode ser cultivada isoladamente ou em grupos, sob sol pleno ou à meia-sombra, e mede até 2 m de altura. Ela é nativa das falésias e encostas das montanhas de Kyushu e do arquipélago de Ryukyu, um complexo de ilhas no extremo sul do Japão, e da província de Fujian, no sudeste da China. Característica de clima subtropical, tolera muito bem o calor tropical e deve ser plantada em solo rico em matéria orgânica. A reprodução é por sementes ou filhotes que nascem ao redor da planta-mãe.

Dasylirion acrotrichum
Dasilírio

Família das asparagáceas (*Asparagaceae*)

Syn.: *Barbacenia gracilis*; *Bonapartea gracilis*; *Dasylirion gracile*; *D. graminifolium*; *D. robustum*; *Roulinia acrotricha*; *R. gracilis*; *Yucca acrotricha*

As folhas longas e lineares, de até 1 m de comprimento e 1 cm de largura e que crescem formando um vigoroso tufo, já seriam o suficiente para fazer do dasilírio uma escultura viva no jardim. A suculenta, no entanto, foi além e tratou de desfibrar as pontas dessas folhas, deixando-as com aspecto de pluma. A inflorescência espigada e repleta de pequenas flores esbranquiçadas só desponta muitos anos depois do plantio, no verão, e pode atingir até 5 m de altura. A espécie pode ser cultivada em vasos ou em canteiros em local de destaque, sempre sob sol pleno. Mede até 1,5 m de altura, é dioica – apresenta flores masculinas e femininas em plantas separadas –, e originária do deserto de Chihuahua, uma região que compreende a parte central e norte do México, e o sul dos Estados Unidos. Plante-a em regiões subtropicais, em solo arenoso acrescido de matéria orgânica e regado a intervalos. A reprodução é por sementes que são produzidas apenas nas plantas femininas.

Dasylirion longissimum
Grama-arbórea-mexicana

Família das asparagáceas (*Asparagaceae*)

Syn.: *Dasylirion longissimum* var. *longissimum*

Não é à toa que a grama-arbórea-mexicana é considerada a mais bela espécie do gênero *Dasylirion*: a partir do topo do seu tronco brotam ramificações apicais espessas e curtas, cada qual com tufos vigorosos de folhas lineares, flexíveis e que crescem em forma de roseta. Normalmente, as folhas basais são podadas para deixar à mostra o belo tronco da espécie. A inflorescência marrom-amarelada, de até 4,5 m de altura, desponta depois de muitos anos do plantio. Por conta de seu porte escultural, a suculenta arbustiva pode ser cultivada em vasos ou em canteiros em local de destaque, sob sol pleno ou à meia-sombra. Ela mede até 3,8 m de altura, é dioica – apresenta flores masculinas e femininas em plantas separadas – e nativa do deserto de Chihuahua, uma região que compreende a parte central e norte do México, e o sul dos Estados Unidos. Aprecia clima subtropical e solo arenoso, acrescido de matéria orgânica e regado a intervalos. A reprodução é por sementes que são produzidas apenas nas plantas femininas.

Dioon spinulosum
Dion-gigante

Família das zamiáceas (*Zamiaceae*)

Este arbusto escultural, que pode medir até 16 m de altura, é tão antigo que já habitava a Terra na época dos dinossauros – há indícios de que ele surgiu no início da Era Mesozoica, daí ser considerado um fóssil vivo. Seu sistema foliar, que mais parece uma coroa ou um espanador, desenvolve-se no ápice do tronco, e é composto por grandes folhas de até 2 m de comprimento repletas de folíolos estreitos e alongados, com espinhos nas bordas. Rústica como ela só, a planta cresce rapidamente e dispensa maiores cuidados, tanto sob sol pleno quanto à meia-sombra. No jardim, pode ser plantada sozinha ou em grupos e, na fase juvenil, vai bem em vasos para decorar varandas amplas. Dioico, o arbusto apresenta flores masculinas e femininas em plantas separadas, e é nativo das florestas do leste do México. Típico de clima tropical, tolera o frio subtropical, e deve ser plantado em solo solto e bem drenado, rico em calcário e mantido úmido. A reprodução é por sementes ou por divisão de filhotes que nascem na base da planta-mãe.

Dracaena reflexa var. *angustifolia*

Dracena-de-Madagáscar

**Família das asparagáceas
(*Agavaceae* / *Asparagaceae*)**

A dracena-de-Madagáscar é daquelas plantas que ficam mais bonitas com o tempo: quanto mais velho o exemplar, mais dilatada a base de seu tronco, o que confere um efeito todo especial ao paisagismo. Bastante ramificada, a espécie desenvolve nas pontas dos longos caules um conjunto foliar em forma de tufo, composto de inúmeras folhas lineares e finas. Na espécie-tipo elas são verde-escuras com bordas ligeiramente avermelhadas; no cultivar 'Tricolor' exibem nuances avermelhadas e estrias creme ou esbranquiçadas; e no 'Colorama', o mais belo e impactante de todos, o tom avermelhado é mais intenso. Eventualmente, a planta produz inflorescências ramificadas e espigadas, compostas de inúmeras pequenas flores esbranquiçadas, que depois geram frutinhos alaranjados. Cultive-a isoladamente em locais amplos e abertos ou em vasos, sempre sob sol pleno. Nativo de Madagáscar, o arbusto de até 5 m de altura é típico de clima tropical, tolerante ao frio subtropical de baixa altitude, onde não ocorram geadas. O solo pode ser arenoargiloso acrescido de matéria orgânica, e a reprodução é por estaquia.

Dracena-de-Madagáscar (*Dracaena reflexa* var. *angustifolia*)

Dracena-arco-íris (*Dracaena reflexa* var. *angustifolia* 'Colorama')

Dracena-tricolor, dracena-arco-íris (*Dracaena reflexa* var. *angustifolia* 'Tricolor')

Dracaena reflexa 'Variegata'

Pleomele-variegado, dracena-malaia

Família das asparagáceas (*Agavaceae / Asparagaceae*)

Syn.: *Cordyline cernua; C. reflexa; Dracaena candelaria; D. cernua; D. cincta; D. divaricata; D. reflexa* var. *brevifolia; D. reflexa* var. *cernua; D. reflexa* var. *reflexa; Draco cincta; Draco reflexa; Lomatophyllum cernuum; L. reflexum; Pleomele cincta; P. porteana; P. reflexa*

Os ramos arqueados, as folhas verde-oliva com estrias e bordas amareladas capazes de iluminar o jardim: tudo no pleomele-variegado parece feito sob medida para que a espécie se destaque no jardim. As folhas lanceoladas e levemente torcidas nascem coladas aos ramos e cobrem toda a planta. Eventualmente, surgem inflorescências espigadas e pouco vistosas. Em geral, o arbusto é cultivado isolado, como planta de destaque, sob sol pleno ou à meia-sombra, mas também é possível mantê-lo em vaso para decorar interiores bem iluminados ou varandas. Ramificado desde a base, o pleomele-variegado atinge 3,5 m de altura, é originário da Índia, Madagáscar e Ilhas Maurício e característico de clima tropical quente e úmido, tolerante ao frio subtropical de baixa altitude ou litorâneo. O solo deve ser rico em matéria orgânica e mantido úmido, e a reprodução é por estaquia.

Dypsis decaryi

Palmeira-triângulo

Família das arecáceas (*Palmae / Arecaceae*)

Syn.: *Neodypsis decaryi*

Basta olhar para a palmeira-triângulo para descobrir o porquê de seu nome popular: suas folhas se desenvolvem em três direções distintas e vão se sobrepondo umas às outras, formando uma espécie de leque. Cada uma delas tem cerca de 3 m de comprimento e exibe um belo tom verde-acinzentado. As inflorescências, compostas por diminutas flores amareladas, são muito ramificadas e despontam entre as bases das folhas. Já os frutos são globosos, verde-azulados a princípio, mas ficam amarelados com o tempo. A palmeira-triângulo pode ser cultivada isolada, em grupos ou em fileiras, e vai muito bem em regiões litorâneas. Seu crescimento é lento, mas ela chega aos 6 m de altura. Endêmica do Parque Nacional Andohahela, no sul de Madagáscar, vai bem nos climas tropical e subtropical árido, em solo arenoso e salino ou arenoargiloso. A reprodução é por sementes.

ESCULTURAIS

Encephalartos ferox
Sagu-de-espinho

Família das zamiáceas (*Zamiaceae*)

Syn.: *Encephalartos kosiensis*

É na bela folhagem composta por frondes longas, de até 1,8 m de comprimento, que está a beleza escultural do sagu-de-espinho. Suas folhas longas e rígidas se desenvolvem no topo do tronco, formando uma espécie de coroa, e tanto as inflorescências femininas quanto as masculinas são grandes e cônicas. Cultivada isolada ou em grupos, a planta de até 2 m de altura deve ser mantida sob sol pleno, em solo rico em matéria orgânica. Ela é originária de Moçambique até a província de KwaZulu-Natal, na costa oriental da África do Sul, e típico de clima subtropical, tolerante ao calor tropical. A reprodução é por sementes.

Encephalartos horridus

Cica-azul

Família das zamiáceas (*Zamiaceae*)

Syn.: *Encephalartos horridus* var. *nanus*; *E. horridus* var. *van-hallii*; *E. nanus*; *E. van-hallii*; *Zamia aurea*; *Z. gleina*; *Z. horrida*; *Z. nana*; *Z. Tricuspidata*

Mais rara que as demais cicas, esta espécie chama a atenção não apenas pelo aspecto de suas frondes, cada uma com entre 60 cm e 90 cm de comprimento e dotadas de folíolos espinhentos, mas também pelo colorido azul-prateado. De crescimento lento, a planta pode levar mais de 100 anos para formar um tronco de 90 cm de altura e, no verão, produz inflorescências cônicas no ápice do tronco, bem no centro da coroa de folhas. A cica-azul deve ser cultivada como planta de destaque em canteiros afastados de caminhos ou áreas de circulação sob sol pleno ou um leve sombreamento. Endêmica da província de Cabo Oriental, na África do Sul, ela é típica de clima subtropical, tolerante ao calor tropical, e aprecia solo arenoso ou arenoargiloso, ligeiramente ácido, muito bem drenado e regado apenas quando estiver seco. A propagação pode ser por sementes ou por filhotes que nascem grudados na planta-mãe.

Encephalartos paucidentatus
Palmeira-sagu

Família das zamiáceas (*Zamiaceae*)

Syn.: *Encephalartos altensteinii* var. *paucidentatus*

Elegante como ela só, a palmeira-sagu é uma das cicas de crescimento mais rápido – pode chegar aos 6 m de altura e, eventualmente, se ramificar na base com a idade. Seu sistema foliar é composto de frondes longas de até 2,5 m de comprimento que nascem no topo do tronco à forma de uma coroa. Indicada para canteiros amplos, de preferência à meia-sombra, o arbusto é originário da província de Mpumalanga, na região Oriental da África do Sul, e da Suazilândia, característico de clima subtropical, tolerante ao calor tropical. O solo deve ser rico em matéria orgânica e úmido. A reprodução é por sementes e brotos que nascem na base da planta-mãe.

Euphorbia ingens
Árvore-candelabro

Família das euforbiáceas (*Euphorbiaceae*)

Syn.: *Euphorbia similis*

O visual diferenciado e o grande porte fazem da árvore-candelabro uma escultura viva no jardim, onde pode ser cultivada em canteiros com pedras, em vasos e até formando renques. De crescimento rápido, ela tem copa ampla, densa e muito ramificada, e ramos compostos de quatro ou cinco faces e com espinhos nas quinas. As flores amareladas despontam na parte superior dos ramos entre os espinhos. Com porte máximo de 12 m de altura, a suculenta arbustiva cresce lentamente e exsuda uma seiva tóxica. Ela é nativa da porção da África Tropical localizada no hemisfério sul, e gosta de solo arenoso, acrescido de matéria orgânica e regado a intervalos. A reprodução se dá por estaquia dos segmentos.

Euphorbia lactea

Candelabro

Família das euforbiáceas (*Euphorbiaceae*)

Em vasos, jardins de pedra, formando renques ou cercas vivas defensivas, o candelabro jamais passa despercebido. A espécie faz a diferença no paisagismo com seus ramos verde-claros com uma mancha longitudinal esbranquiçada e espinhos curtos nas quinas. Vai bem tanto sob sol pleno quanto à meia-sombra e pode medir até 2 m de altura. A suculenta arbustiva é nativa da Índia e do Sri Lanka e característica de clima tropical árido. O solo pode ser arenoso, acrescido de matéria orgânica e regado a intervalos, e a reprodução é por estaquia dos segmentos.

Euphorbia neriifolia

Eufórbia-de-cerca

Família das euforbiáceas (*Euphorbiaceae*)

Syn.: *Elaeophorbia neriifolia*; *Euphorbia edulis*; *E. ligularia*; *E. pentagona*; *Tithymalus edulis*

Os ramos eretos, que despontam em grande quantidade do pequeno caule desta suculenta, confere à espécie de até 8 m de altura o visual de um candelabro. Eles se desenvolvem de forma espiralada, têm as quinas cobertas de espinhos e apresentam folhas apenas na parte terminal. Na versão variegada da planta, que é bem mais rara, tanto os ramos quanto as folhas exibem manchas amarelas. As inflorescências são diminutas e sem valor ornamental. A eufórbia-de-cerca pode ser cultivada em vasos, como planta de destaque entre pedras em canteiros, ou compor renques e cercas vivas, sempre sob sol pleno. Ela é nativa da Ásia subtropical e tropical, mas principalmente da Índia. O solo pode ser arenoso, acrescido de matéria orgânica e regado a intervalos, e a reprodução é por estaquia dos segmentos.

Euphorbia neriifolia 'Variegata'

Euphorbia tirucalli 'Rosea'
Cacto-lápis-vermelho

Família das euforbiáceas (*Euphorbiaceae*)

Syn.: *Euphorbia tirucalli* var. *rosea*; *Euphorbia tirucalli* 'Sticks on Fire'; *Euphorbia tirucalli* 'Firesticks'

Também conhecido como 'Sticks on Fire', este cultivar de *Euphorbia tirucalli* apresenta como principal diferencial os ramos com nuances de laranja-avermelhado e dourado, que conferem a ele um visual similar ao de corais marinhos. O colorido fica mais intenso no inverno, mas depois vai diminuindo, até que no verão a planta exibe apenas as pontas amarelas e todo o resto da ramagem esverdeada. Seu porte máximo de 2,4 m de altura é bem menor que os 10 m que a espécie-tipo pode alcançar, e suas folhas minúsculas – são apenas 1,3 cm de comprimento – se formam nas extremidades do caule e logo perecem. Indicada para o paisagismo de jardins áridos, onde pode ser plantado entre pedras, ele também se adapta a projetos contemporâneos, desde que combinado com outras plantas com características similares. Muito resistente à maresia e aos ventos fortes, deve ser cultivado sempre sob sol pleno, em regiões de clima tropical ou subtropical. O solo deve ser arenoso com pouca matéria orgânica e regado sempre que estiver seco. A reprodução é por estaquia dos segmentos dos caules.

Euphorbia trigona 'Rubra'

Candelabro-vermelho, árvore-de-leite-africano

Família das euforbiáceas (*Euphorbiaceae*)

Syn.: *Euphorbia hermentiana*

Esta planta escultural e de grande valor ornamental desenvolve uma densa ramagem que cresce verticalmente e fica com visual similar ao de um candelabro. Seus ramos são longos, eventualmente segmentados e verde-escuros, com uma mancha longitudinal com nuances de verde-claro e vinho. Cada um conta com três faces côncavas e quinas serrilhadas ou denteadas, sendo que na ponta de cada dente desponta um par de espinhos e uma pequena folha arroxeada. Com porte máximo de 3 m, o candelabro-vermelho é muito cultivado em vasos, mas também pode ser plantado em jardins de pedras, formar renques e até cercas vivas defensivas sob sol pleno. Quando adulto, precisa ser tutorado para não tombar com o próprio peso. Ele é nativo da região Centro-Sul da África (Gabão, Congo, Zâmbia, Angola e Malawi), típico de clima tropical árido e aprecia solo arenoso, acrescido de matéria orgânica e regado a intervalos. Reproduz-se por estaquia dos segmentos.

Furcraea foetida

Piteira, falso-agave-gigante

Família das asparagáceas (*Asparagaceae*)

Syn.: *Agave bulbosa*; *A. commelyni*; *A. foetida*; *A. gigantea*; *A. madagascariensis*; *Aloe foetida*; *Fourcroya gigantea*; *Funium piliferum*; *Furcraea atroviridis*; *F. atroviridis*; *F. barillettii*; *F. commelyni*; *F. gigantea*; *F. gigantea* var. *mediopicta*; *F. madagascariensis*; *F. viridis*; *F. watsoniana*

As folhas suculentas, rígidas e dispostas em forma de roseta fazem da piteira uma daquelas esculturas vivas que merecem lugar de destaque no jardim. Afinal, cada lâmina verde e pontiaguda tem até 2,5 m de comprimento. O espinho presente na ponta de cada uma delas é maleável, e não é agressivo, enquanto os encontrados nas laterais das folhas são curvos. Cerca de dez anos após o plantio, a espécie produz uma inflorescência comprida, de até 8 m de altura, cheia de florzinhas verde-esbranquiçadas e mal-cheirosas. Após a florada, que marca o início de seu ciclo degenerativo, nascem inúmeras mudas ou bulbilhos ao longo da haste e da planta-mãe. A piteira pode ser cultivada isoladamente ou em grupos em jardins amplos, preferencialmente longe de caminhos devido às folhas pontiagudas. Com 3 m de altura e 4 m de diâmetro de copa, ela é originária da Costa Rica, Panamá, do norte da América do Sul e de grande parte do Caribe, todas regiões de clima tropical quente e úmido, mas também tolera o frio subtropical de regiões onde não ocorram geadas. Aprecia sol pleno, e o solo pode ser arenoso, acrescido de matéria orgânica e regado a intervalos. A reprodução se dá por bulbilhos da inflorescência e mudas que nascem ao redor da planta-mãe.

Furcraea foetida 'Mediopicta'
Piteira-estriada, falso-agave-gigante

Família das asparagáceas (*Asparagaceae*)

Além de ser muito mais ornamental que sua progenitora, a *Furcraea foetida*, a piteira-estriada é mais fácil de usar no paisagismo, uma vez que tem porte bem mais compacto: cerca de 1,5 m de altura e 1,8 m de diâmetro. Seu principal atrativo são as folhas com estrias longitudinais que mesclam tons de amarelo, creme, verde-claro e verde-escuro. Ela vai bem em canteiros mistos e até em grandes vasos, e é típica de clima tropical quente e úmido, tolerante ao frio subtropical em regiões onde não ocorram geadas. O solo pode ser arenoso, acrescido de matéria orgânica e regado a intervalos, enquanto a reprodução se dá por bulbilhos da inflorescência e mudas que brotam ao redor da planta-mãe.

Furcraea selloa var. *marginata*
Agave-lança

Família das asparagáceas (*Asparagaceae*)

Com cerca de 1,5 m de comprimento, as folhas verdes com as bordas amareladas desta suculenta são rígidas, providas de espinhos e apresentam um longo e perigoso espinho na parte terminal. Elas nascem formando rosetas no topo de um caule curto enquanto a planta é jovem, mas que pode passar de 1 m de altura na fase adulta. Depois que o agave-lança floresce, uma série de mudas ou bulbilhos surgem ao longo da haste floral e da planta-mãe, que começa o seu ciclo degenerativo. A espécie pode ser cultivada isoladamente ou em grupos em jardins amplos, sempre sob sol pleno. Atinge 2 m de altura e sua origem é desconhecida – acredita-se que a planta que deu origem a ela seja nativa da Colômbia, típica de clima tropical. Cultive a suculenta em solo arenoso acrescido de matéria orgânica e regado a intervalos. A reprodução se dá por bulbilhos da inflorescência ou mudas que se desenvolvem na base da coroa foliar da planta-mãe.

Hyophorbe lagenicaulis
Palmeira-garrafa

Família das arecáceas (*Palmae / Arecaceae*)

Syn.: *Mascarena lagenicaulis*; *Mascarena revaughanii*

Enquanto jovem, esta palmeira curiosa e de aspecto escultural apresenta a base do caule bem dilatada, mas, conforme vai chegando à maturidade, ele fica com formato similar ao de uma garrafa. Seu sistema foliar, composto por de quatro a oito folhas de até 3 m de comprimento, desponta no topo de um volumoso palmito. Já as inflorescências são ramificadas e pendentes, e despontam abaixo do palmito. Ideal para pequenos espaços, a palmeira-garrafa pode ser cultivada isolada ou em grupos de três ou cinco. Como ela vai bem à meia-sombra e cresce lentamente, também pode ser cultivada em vasos em ambientes internos bem iluminados por um bom tempo. Já sob sol pleno, deve ser regada com frequência, principalmente no verão. A espécie é nativa das Ilhas Mascarenhas, a leste de Madagáscar, mede até 6 m de altura e é típica de clima tropical, tolerante ao frio subtropical de baixa altitude. Pode ser cultivada em solo arenoargiloso, e a reprodução é por sementes.

Hyophorbe verschaffeltii
Palmeira-fuso

Família das arecáceas (*Palmae / Arecaceae*)

Syn.: *Areca verschaffeltii; Mascarena verschaffieltii*

O formato do tronco, que é mais estreito na base e no topo, e dilatado no centro, é o que mais chama a atenção na palmeira-fuso, uma espécie muito ornamental e que apresenta até 10 folhas recurvadas no topo do palmito. Por conta de seu porte reduzido – mede no máximo 4 m –, ela é ideal para pequenos espaços, podendo ser cultivada isolada, em grupos de três ou cinco ou em fileiras. Dá até para plantá-la em vasos em ambientes bem-iluminados, uma vez que a espécie cresce lentamente e vai muito bem à meia-sombra. Já sob sol pleno, necessita de regas frequentes, especialmente no verão. Nativa das Ilhas Mascarenhas, um arquipélago a leste de Madagáscar, a palmeira-fuso é típica de clima tropical, tolerante ao frio subtropical de baixa altitude, e se desenvolve muito bem em regiões litorâneas, pois suporta os ventos constantes e a maresia. Pode ser cultivada em solo arenoargiloso e a reprodução é por sementes.

Nopalea cochenillifera
Palma-doce, urumbeta

Família das cactáceas (*Cactaceae*)

Syn.: *Cactus cochenillifer*; *Opuntia cochinellifera*

Praticamente desprovido de espinhos, este cacto composto por segmentos achatados e ovalados, que medem de 8 cm a 35 cm de comprimento, é indicado para o paisagismo de áreas amplas, pois sua copa é muito aberta e volumosa. Ele mede até 4 m de altura e pode ser tanto cultivado isolado quanto formando renques e cercas vivas defensivas sob sol pleno. As flores róseo-avermelhadas e alongadas, com cerca de 5,5 cm de comprimento, despontam em grande quantidade, principalmente no inverno, e se concentram apenas nas bordas das pontas dos segmentos mais extremos, atraindo beija-flores para o jardim. Os frutos avermelhados, por sua vez, são ovalados, medem até 4 cm de comprimento e são muito apreciados pela avifauna e morcegos. De origem incerta, acredita-se que a palma-doce seja nativa do México. Ela é típica de clima tropical quente, não tolerante ao frio intenso, e aprecia solo arenoso, acrescido de matéria orgânica e regado em intervalos. A reprodução é por sementes e, principalmente, por estaquia das palmas destacadas.

Opuntia ficus-indica
Figo-da-Índia

Família das cactáceas (*Cactaceae*)

Syn.: *Cactus ficus-indica; C. opuntia; Opuntia arcei; O. Castillae; O. Chinensis; O. Cordobensis; O. Ficus-barbarica; O. Incarnadilla; O. Megacantha; O. Vulgaris; Platyopuntia vulgaris*

Amplamente cultivado não apenas por conta de seu aspecto escultural, mas também por causa dos frutos saborosos que produz, o figo-da-Índia vai bem tanto em regiões tropicais quanto subtropicais. Ele é composto por um denso aglomerado de palmas – grandes segmentos achatados e ovalados – de até 60 cm de comprimento e, dependendo do cultivar, pode ter ou não espinhos. O colorido também varia entre o verde e o verde-acinzentado. As flores despontam durante a primavera e o verão apenas nas bordas das pontas dos segmentos das extremidades. Elas podem ser amarelas ou avermelhadas e medir de 5 a 8 cm de diâmetro. Já os frutos ovalados, com entre 6 cm e 10 m de comprimento, maturam a partir do outono e, dependendo do cultivar, podem ser alaranjados, esverdeados ou avermelhados. Alguns apresentam espinhos finos. Por ser uma espécie volumosa, o figo-da-Índia precisa de um local amplo para o cultivo, que pode ser de forma isolada, formando renques ou até cercas vivas defensivas, sempre sob sol pleno. Ele pode chegar aos 6 m de altura e, ao que tudo indica, é nativo do México. Plante-o em solo arenoso, acrescido de matéria orgânica e regado em intervalos. A reprodução é por sementes e, principalmente, pelas palmas destacadas na forma de estaquia.

Pachycereus marginatus
Cacto-poste-de-cerca

Família das cactáceas (*Cactaceae*)

Syn.: *Cereus gemmatus*; *Lemaireocereus marginatus*; *Marginatocereus marginatus*; *Stenocereus marginatus*; *S. marginatus* var. *gemmatus*

Este cacto colunar e ereto impressiona por seu aspecto escultural tanto na fase juvenil quanto na adulta. É que, conforme vai ficando mais velho, ele começa a se ramificar na base, rente ao solo, e desenvolve uma espécie de colônia. Seus caules medem de 3 m a 4 m de altura, têm entre 8 cm e 20 cm de diâmetro e de quatro a sete quinas, ao longo das quais se desenvolvem os espinhos, formando uma faixa longitudinal acinzentada. As flores amareladas ou alaranjadas surgem na primavera, normalmente no terço final do caule. Em sua região de origem, o México, a espécie é muito usada para formar cercas vivas intransponíveis, mas também é amplamente cultivada em vasos e em canteiros, em conjunto com outras plantas de clima árido, sempre sob sol pleno. Característico tanto de clima tropical árido como subtropical árido, o cacto-poste-de-cerca aprecia solo arenoso, acrescido de matéria orgânica e regado em intervalos. A reprodução é por sementes, que germinam com facilidade, e por estaquia dos ponteiros.

Pachypodium geayi
Palmeira-de-Madagáscar, paquipódio

Família das apocináceas (*Apocynaceae*)

Ideal para o cultivo em vasos, como planta de destaque ou em jardins de pedras, esta suculenta arbórea tem grande efeito ornamental: o tronco principal e os ramos são totalmente encobertos por espinhos, e as folhas longas e estreitas, de até 30 cm de comprimento, nascem na ponta dos ramos, perecendo no inverno. As flores, por sua vez, são brancas e surgem no verão. A espécie, de até 8 m de altura, é nativa do sul de Madagáscar e típica de clima subtropical árido. Deve ser cultivada sob sol pleno em solo arenoso, acrescido de matéria orgânica e regado a intervalos. A reprodução é por sementes ou estaquia.

Pachypodium lamerei

Palmeira-de-Madagáscar, paquipódio

Família das apocináceas (*Apocynaceae*)

Syn.: *Pachypodium champenoisianum*;
P. lamerei var. *lamerei*; *P. lamerei* var. *ramosum*;
P. ramosum; *P. rutenbergianum* var. *lamerei*;
P. rutenbergianum f. *lamerei*

Esta é outra suculenta escultural com jeitão de árvore. Seu caule, que se ramifica levemente no topo, é todo coberto por espinhos rosados. Já as folhas, que nascem na ponta dos ramos, são longas, estreitas e perecem no inverno. As flores brancas e perfumadas despontam no verão, cerca de dez anos depois do plantio. Ideal para o cultivo em vasos ou em canteiros de jardins de pedras, a palmeira-de-Madagáscar mede até 6 m de altura e deve ser mantida sempre sob sol pleno. Ela é nativa do sul de Madagáscar e típica de clima subtropical árido. O solo pode ser arenoso, acrescido de matéria orgânica e regado a intervalos. A reprodução é por sementes ou estaquia.

Pandanus pygmaeus
Pândano-rasteiro

Família das pandanáceas (*Pandanaceae*)

Syn.: *Foullioya graminifolia*; *Foullioya racemosa*; *Freycinetia leucacantha*; *Pandanus racemosus*

   Apesar do porte baixo, o pândano-rasteiro é vigoroso e precisa de espaços amplos para crescer livremente. Sua densa folhagem forma tufos nas pontas dos ramos, e as folhas são lineares, espessas, verde-escuras e espinescentes nas bordas. As flores, apesar de exóticas, não têm valor ornamental. A espécie pode ser cultivada isoladamente ou em grupos, na forma de renques e até em vasos, sempre sob sol pleno. Endêmica de Madagáscar, a planta de até 1,5 m de altura é típica de clima tropical, não tolerante ao frio. O solo pode ser arenoargiloso acrescido de matéria orgânica, e a reprodução é por estaquia.

Pandanus tectorius 'Baptistii'
Pândano-dourado

Família das pandanáceas (*Pandanaceae*)

Escultural e de grande efeito ornamental, o pândano-dourado exibe um denso e volumoso sistema foliar composto por folhas longas e lineares, com mais de 1 m de comprimento, que crescem eretas, mas se dobram nas pontas por conta do peso. Elas são verdes com uma estria longitudinal amarela no centro e crescem em espiral nas pontas dos ramos, formando densos tufos. Nas plantas idosas, o arbusto se ramifica e desenvolve um tronco composto de raízes aéreas. O pândano-dourado é cultivado isoladamente ou em grupos em grandes áreas, sob sol pleno ou à meia-sombra. Embora sua origem seja desconhecida, acredita-se que, assim como a espécie-tipo, ele seja nativo das Filipinas e Ilhas do Pacífico. Seu porte máximo também deve ser um pouco mais baixo que os 5 m da espécie-tipo. Ele é característico de clima tropical quente e úmido, resistente à maresia e aos ventos, e deve ser cultivado em solo arenoargiloso acrescido de matéria orgânica e mantido úmido. A reprodução é por estaquia.

Pandanus utilis

Pândano, pinhão-de-Madagáscar

Família das pandanáceas (*Pandanaceae*)

Syn.: *Hasskarlia globosa; Marquartia globosa; Pandanus distichus; P. elegantissimus; P. flabelliformis; P. maritimus; P. nudus; P. odoratissimus; P. sativus; P. utilis* var. *stephanocarpa; P. vacqua; Vinsonia consanguinea; V. macrostigma; V. media; V. propinqua; V. stephanocarpa; V. striata; V. thouarsii; V. utilis*

Uma das plantas mais icônicas do paisagismo tropical, o pândano encanta por conta do efeito escultural de suas raízes, sistema foliar e copa piramidal, que lembra um candelabro. As raízes aéreas, que despontam na base do tronco, são grossas, roliças e longas, responsáveis por dar sustentação à árvore. Já o tronco pode se ramificar na base à semelhança de um arbusto. Os ramos são robustos, grossos, crescem eretos e desenvolvem o sistema foliar apenas nas pontas, popularmente conhecidas como cabeças. Tanto o tronco como os ramos são revestidos por cicatrizes anulares das folhas já caídas. Longas e estreitas, as folhas de até 2 m de comprimento têm as bordas levemente avermelhadas. Esporadicamente, as flores femininas dão origem a frutos grandes, semelhantes a uma pinha, de sabor não agradável. A melhor forma de aproveitar o pândano no paisagismo é como planta isolada em um canteiro ou em um pequeno morrote gramado, com no máximo 1 m de altura, que sirva de pedestal para destacar a beleza da planta. A espécie também pode ser plantada em grupos, preferencialmente em números ímpares – três ou cinco exemplares –, porém bem separados; ou enfileirados ao longo de caminhos. Ela mede até 10 m de altura, é originária das Ilhas Mascarenhas, um arquipélago a leste de Madagáscar, e característica de clima tropical, tolerante ao frio subtropical de baixa altitude e às intempéries litorâneas. A reprodução se dá por sementes, estaquia ou alporquia.

Phoenix canariensis
Palmeira-tamareira, tamareira-das-Canárias

Família das arecáceas (*Palmae* / *Arecaceae*)

Syn.: *Phoenix canariensis* var. *porphyrococca*;
P. cycadifolia; *P. dactylifera* var. *jubae*; *P. erecta*;
P. jubae; *P. macrocarpa*; *P. tenuis*; *P. vigieri*

Nobre e imponente, esta palmeira de até 20 m de altura tem o caule todo marcado pelas cicatrizes das folhas já caídas e uma robusta coroa foliar no topo. Com cerca de 1,2 m de diâmetro, a coroa sustenta as grandes folhas arqueadas, com entre 4 m e 6 m de comprimento, e com longos espinhos agressivos na base. Os frutos que se agrupam em cachos volumosos se formam mesmo que não haja uma planta masculina por perto e deixam a palmeira ainda mais ornamental. A palmeira-tamareira pode ser cultivada isolada ou formando renques, sempre sob sol pleno. Ela é dioica – tem flores masculinas e femininas em plantas separadas –, endêmica das Ilhas Canárias e característica de clima subtropical, bastante tolerante ao calor tropical. A reprodução é por sementes.

Phoenix roebelenii
Tamareira-de-jardim, tamareira-anã

Família das arecáceas (*Palmae / Arecaceae*)

De tão escultural que é seu aspecto, a tamareira-de-jardim é uma das palmeiras mais cultivadas no mundo. Seu caule geralmente tortuoso, principalmente nas plantas mais idosas, é delgado e profundamente marcado pelas cicatrizes das folhas já caídas. Com a idade, também surgem densos aglomerados de raízes curtas e aéreas em sua base. Já no topo se desenvolve uma robusta e irregular coroa foliar, com folhas que despontam eretas e vão se curvando com o tempo. Assim como todas as palmeiras do gênero *Phoenix*, as folhas exibem longos e agressivos espinhos em sua base. As inflorescências curtas e reclinadas despontam entre a base das folhas e dão origem a pequenos frutos em tom de vinho, quase pretos. Geralmente, a tamareira-de-jardim é cultivada como planta de destaque, isolada ou com exemplares agrupados bem próximos uns dos outros; ou formando renques, sob sol pleno ou à meia-sombra. Por conta do crescimento, também é amplamente usada em vasos para decorar interiores bem iluminados. Com até 3,6 m de altura, ela é nativa da Província de Yunnan, na região Sudoeste da China, e da região Norte dos países que compreendem a Indochina – Mianmar, Laos, Tailândia e Vietnã. É característica de clima tropical, muito tolerante ao frio subtropical. Rústica, pode ser cultivada em solo arenoso ou arenoargiloso, e a reprodução é por sementes.

Pilosocereus pachycladus
Facheiro-azul, cacto-azul

Família das cactáceas (*Cactaceae*)

Syn.: *Pilosocereus pachycladus* subsp. *pachycladus*

O facheiro-azul é considerado ornamental não apenas por seu formato, mas também pelo colorido azulado. Com até 10 m de altura, ele tem ramos de até 11 cm de diâmetro que se desenvolvem apenas em plantas muito idosas. Conta com sulcos longitudinais, com as quinas encobertas por conjuntos de espinhos longos e amarelados, sendo os centrais um pouco maiores do que os radiais. As flores são esbranquiçadas. A espécie cresce lentamente e pode ser cultivada isoladamente ou em conjuntos em jardins de pedra, sob sol pleno. É endêmica da Caatinga, na região Nordeste do Brasil, e típica de clima tropical seco, não tolerante ao frio. O solo pode ser arenoso e regado uma vez por semana no verão, e a multiplicação é por sementes.

Sansevieria cylindrica

Lança-de-São-Jorge, espada

Família das asparagáceas (*Asparagaceae*)

Syn.: *Acyntha cylindrica*; *Cordyline cylindrica*; *Sansevieria angolensis*; *S. cylindrica* var. *patula*; *S. livingstoniae*

Foram as folhas cilíndricas, carnosas e pontiagudas que crescem eretas e rígidas que renderam a esta espécie o nome popular de lança-de-São-Jorge. Muito ornamentais, elas nascem dispostas em forma de leque e compõem touceiras. Além disso, com o tempo, passam a exibir um tom verde-claro com manchas anelares verde-escuras. As inflorescências espigadas despontam por entre a touceira e são compostas de pequenas e inúmeras flores róseas que são pouco vistosas, porém perfumadas. Muito cultivada em vasos para decorar interiores bem iluminados, a lança-de-São-Jorge também pode ser usada em canteiros de jardins de pedras sob sol pleno. Com porte máximo de 1,2 m de altura, é originária de Angola, Zâmbia e Zimbábue, e característica de clima tropical árido. O solo pode ser arenoso, acrescido de matéria orgânica e regado a intervalos. Já a reprodução se dá por divisão de touceiras.

Trachycarpus fortunei
Palmeira-moinho-de-vento

Família das arecáceas (*Palmae / Arecaceae*)

Syn.: *Chamaerops fortunei*; *Trachycarpus caespitosus*; *Trachycarpus wagnerianus*

De todas as palmeiras do mundo, a moinho-de-vento é a mais tolerante ao frio. Pudera: é nativa de florestas que vão da parte central até o sul da China, onde a altitude varia de 100 m a 2.400 m. Muito ornamental, ela apresenta um curioso caule espesso, de até 30 cm de diâmetro, que é totalmente encoberto por uma "malha" fibrosa cinza-amarronzada – nos exemplares adultos essas fibras ocorrem apenas na parte superior. As folhas, de até 90 cm de diâmetro, têm formato de leque quase arredondado. As inflorescências nascem entre a base das folhas e geram pequenos frutos, inicialmente branco-azulados, mas que com a maturação adquirem um tom arroxeado. A palmeira-moinho-de-vento pode ser cultivada isolada ou em grupos, sempre sob sol pleno. Como seu crescimento é muito lento, também pode ser mantida em vaso por um longo período. Ela mede até 10 m de altura, vai bem em regiões de clima subtropical e deve ser plantada em solo arenoargiloso. A reprodução é por sementes.

Yucca filamentosa
Iúca-mansa, agulha-de-Adão

Família das asparagáceas (*Asparagaceae*)

É praticamente impossível passar batido pela iúca-mansa, com suas folhas longas e estreitas de até 75 cm de comprimento e cheias de filamentos esbranquiçados nas bordas. Elas exibem um belo tom azul-acinzentado e nascem em forma de roseta a partir de um caule curto. No final do verão, desponta do centro da roseta uma longa haste floral, de até 2 m de altura, que sustenta uma inflorescência composta por flores em forma de sino de tom branco-creme ou branco-esverdeado. A espécie pode ser cultivada isoladamente ou em grupos, sempre sob sol pleno. É originária da região Sudeste dos Estados Unidos e característica de clima subtropical árido, devendo ser mantida em solo arenoso, acrescido de matéria orgânica e regado a intervalos. A reprodução é por sementes ou por mudas que surgem ao redor da planta-mãe.

Yucca gloriosa

Iúca-mansa

Família das asparagáceas (*Asparagaceae*)

Syn.: *Yucca acuminata*; *Y. acutifolia*; *Y. ellacombei*; *Y. ensifolia*; *Y. flexilis* f. *ensifolia*; *Y. flexilis* var. *ensifolia*; *Y. flexilis* f. *ensifolia*; *Y. flexilis* var. *patens*; *Y. flexilis* var. *tortulata*; *Y. flexilis* f. *tortulata*; *Y. gloriosa* f. *acuminata*; *Y. gloriosa* var. *acuminata*; *Y. gloriosa* var. *ellacombei*; *Y. gloriosa* var. *glaucescens*; *Y. gloriosa* var. *gloriosa*; *Y. gloriosa* var. *longifolia*; *Y. gloriosa* var. *maculata*; *Y. gloriosa* var. *mediopicta*; *Y. gloriosa* var. *mediostriata*; *Y. gloriosa* var. *minor*; *Y. gloriosa* var. *mollis*; *Y. gloriosa* var. *nobilis*; *Y. gloriosa* f. *obliqua*; *Y. gloriosa* var. *obliqua*; *Y. gloriosa* var. *planifolia*; *Y. gloriosa* var. *plicata*; *Y. gloriosa* f. *pruinosa*; *Y. gloriosa* var. *pruinosa*; *Y. gloriosa* var. *robusta*; *Y. gloriosa* var. *superba*; *Y. gloriosa* f. *tortulata*; *Y. gloriosa* var. *tortulata*; *Y. integerrima*; *Y. obliqua*; *Y. patens*; *Y. plicata*; *Y. plicatilis*; *Y. pruinosa*; *Y. superba*; *Y. tortulata*

Esta suculenta arbustiva de até 2,5 m de altura apresenta um caule único na fase juvenil, mas quando chega à idade adulta ele se ramifica em dois ou três no topo. É na ponta desses ramos que surgem as folhas longas, estreitas e lineares, de até 60 cm de comprimento e com espinhos nas pontas. As folhas basais, quando secam, pendem e formam uma espécie de saia que encobre o tronco. No verão, desponta uma longa haste floral, de até 2 m de comprimento, com florzinhas pendentes e em forma de sino na ponta. Com cerca de 7,5 cm de comprimento, elas são perfumadas e exibem um colorido esbranquiçado com estrias vinho. A espécie pode ser cultivada em vasos na fase juvenil ou em canteiros de forma isolada ou formando grupos, sempre sob sol pleno. Também vai muito bem em jardins de praia. Originária dos Estados Unidos, onde cresce ao longo das restingas e dunas da costa Atlântica a partir do Estado da Carolina do Norte até o Estado da Luisiana, ela é característica de clima subtropical litorâneo, tolerante ao calor tropical. O solo pode ser arenoso, acrescido de matéria orgânica e regado a intervalos. A reprodução é por sementes.

Yucca luminosa
iúca-azul

Família das asparagáceas (*Asparagaceae*)

Syn.: *Yucca rigida*; *Yucca rigida* var. *inermis*; *Yucca rupicola* var. *rigida*

Assim como outras variedades de iúca, esta espécie escultural apresenta caule único na fase juvenil, que se bifurca em dois ou três na idade adulta. Suas folhas, que formam uma espécie de cabeleira, são longas, estreitas, lineares e pontiagudas como espinhos. Medem até 90 cm de comprimento, têm textura cerosa e exibem um belo tom verde-azulado esbranquiçado com uma suave linha amarela ao longo das bordas. Na primavera, desponta acima da folhagem uma inflorescência com inúmeras flores brancas em forma de sino. Nativa da região Nordeste do México, a espécie pode ser cultivada em vasos quando jovem e, depois, como planta de destaque em canteiros amplos longe de áreas de circulação. Típica de clima subtropical árido, tolerante ao calor tropical, pode chegar aos 3,6 m de altura e aprecia solo arenoso acrescido de matéria orgânica e regado a intervalos. A reprodução é por sementes.

Yucca queretaroensis
Iúca-de-Querétaro

Família das asparagáceas (*Asparagaceae*)

Ainda muito rara nos jardins, a iúca-de-Querétaro é daquelas plantas que simplesmente não têm como passar despercebida. Seu tronco único e robusto, com folhas delicadas que parecem formar uma cabeleira no topo, faz dela uma verdadeira escultura viva. As folhas são firmes, verde-brilhantes, e medem até 60 cm de comprimento. Depois que secam, elas se mantêm presas ao tronco da planta, formando uma espécie de saia. Na Natureza, as flores brancas despontam no verão, agrupadas em uma haste floral de 90 cm de comprimento, porém não há notícias de seu surgimento em plantas cultivadas em jardins. Nativa das encostas íngremes da Sierra Madre Oriental, no nordeste do México, a suculenta arbustiva pode chegar aos 3,6 m de altura e é típica de clima tropical árido de altitude. Aprecia solo arenoso rico em matéria orgânica e, no paisagismo, pode ser cultivada como planta de destaque sob sol pleno, ou em grupos de três ou cinco exemplares. Reproduz-se por sementes.

Yucca rostrata
Iúca-azul

Família das asparagáceas (*Asparagaceae*)

Syn.: *Yucca linearis*; *Yucca rostrata* var. *linearis*

Considerada uma das iúcas mais nobres, a iúca-azul é também uma das mais cultivadas no mundo, presente em praticamente todos os continentes. Assim como a *Yucca rostrata*, ela tem folhas longas, estreitas e lineares. Diferenciam-se, no entanto, por serem um pouco menores – medem cerca de 60 cm de comprimento –, planas e levemente maleáveis e torcidas. Elas formam tufos densos no topo do tronco e, conforme vão secando, ficam penduradas na planta, formando uma espécie de saia que encobre o tronco. Na primavera, desponta uma inflorescência acima da folhagem, com inúmeras flores brancas em forma de sino. Muito rústica, a suculenta arbustiva pode ser cultivada em vasos, na fase juvenil, ou em canteiros de forma isolada ou em grupos. Mede até 4,5 m de altura, aprecia sol pleno e, por ser nativa de uma grande área de deserto que abrange o norte do México, nos Estados de Chihuahua e Coahuila, e o oeste do Estado do Texas, nos Estados Unidos, vai bem em climas que apresentam grande variação de temperatura entre o dia e a noite, como o subtropical árido. Também é tolerante ao clima tropical de altitude. Plante-a em solo arenoso acrescido de matéria orgânica e regado a intervalos. A reprodução é por sementes.

Zamia furfuracea
Zâmia

Família das zamiáceas (*Zamiaceae*)

Syn.: *Palma pumila*; *Palmifolium furfuraceum*; *Zamia crassifolia*; *Z. furfuracea* var. *trewii*; *Z. gutierrezii*; *Z. media* var. *gutierrezii*; *Z. Vestita*

Com frondes que brotam de um caule curto, de apenas 20 cm de altura, e formam rosetas muito ornamentais, a zâmia fica linda como planta de destaque no jardim, embora também possa ser cultivada em grupos. Suas frondes de até 1,2 m de comprimento são formadas por um longo eixo central, de onde brotam cerca de 12 pares de folíolos lanceolados e verde-claros, cobertos por uma fina pelugem. As inflorescências despontam no centro da roseta da planta feminina e são cônicas, alongadas e rígidas. Por apresentar um crescimento muito lento, a zâmia é amplamente usada em vasos, decorando varandas ou pátios. Ela mede até 1,3 m de altura, 2 m de diâmetro, e é endêmica das restingas da costa do Estado de Veracruz, no sudeste do México. Típica de clima tropical quente, tolerante ao frio subtropical de baixa altitude onde não ocorram geadas, pode ser cultivada em solo arenoso acrescido de matéria orgânica e regado quando estiver seco. A reprodução é por sementes.

Índice

Nomes científicos – Trepadeiras

CARAMANCHÃO
Bougainvillea spectabilis 6
Camptosema spectabile 7
Chonemorpha fragrans 8
Congea tomentosa 9
Lonicera japonica 10
Mansoa alliacea 11
Mucuna bennettii 12
Peixotoa reticulata 13
Petrea volubilis 14
Podranea ricasoliana 15
Strongylodon macrobotrys 16
Thunbergia mysorensis 17

ARQUINHOS E BEIRAIS
Allamanda cathartica 18
Clerodendrum × speciosum 19
Ipomoea horsfalliae 20
Rosa hybrid 21
Stephanotis floribunda 22
Trachelospermum jasminoides 23

GRADES E ALAMBRADOS
Antigonon leptopus 24
Bignonia magnifica 25
Clerodendrum splendens 26
Cobaea scandens 27
Combretum grandiflorum 28
Cuspidaria convoluta 29
Ipomoea cairica 30
Ipomoea purpurea 31
Jasminum azoricum 32
Jasminum polyanthum 33
Manettia cordifolia 34
Mansoa difficilis 35
Merremia tuberosa 36
Pandorea jasminoides 37
Passiflora alata 38
Passiflora coccinea 39
Pereskia aculeata 40
Pyrostegia venusta 41
Thunbergia grandiflora 42
Wisteria floribunda 43

PAREDE
Campsis radicans 44
Ficus pumila 45
Ficus sagittata 'Variegata' 46
Parthenocissus tricuspidata 47

TRELIÇAS
Abutilon megapotamicum 48
Clerodendrum thomsoniae 49
Ipomoea quamoclit 50
Mandevilla × amabilis 51
Solanum seaforthianum 52
Thunbergia alata 53

TRELIÇAS À SOMBRA
Asparagus setaceus 54
Begonia radicans 55
Hoya carnosa 56
Maurandya barclayana 57
Selaginella willdenowii 58
Senecio macroglossus 'Variegatus' ... 59

ÁRVORES
Monstera deliciosa 60
Philodendron danteanum 61
Philodendron elegans 62
Philodendron erubescens 63
Philodendron hederaceum 64
Philodendron 'Magesty' 65
Rhaphidophora decursiva 66
Syngonium angustatum 67

FORRAÇÕES
Epipremnum aureum 68
Hedera algeriensis
'Gloire de Marengo' 69
Hedera helix 70
Hedera helix 'Duck Foot' 71
Hedera helix 'Gold Child' 71
Hedera helix 'Fantasia' 71
Hedera helix 'Minty' 71
Hedera canariensis 72
Ipomoea pes-caprae 73
Syngonium podophyllum 74
Tropaeolum majus 75

Nomes científicos – Esculturais

Agave americana subsp.
americana 78
Agave angustifolia
var. angustifolia 79
Agave de-meesteriana 80
Agave geminiflora 81
Agave vilmoriniana 82
Agave weberi 83
Beaucarnea guatemalensis 84
Beaucarnea recurvata 85
Bismarckia nobilis 86
Cereus repandus 'Spiralis' 87
Cycas circinalis 88
Cycas revoluta 89
Dasylirion acrotrichum 90
Dasylirion longissimum 91
Dioon spinulosum 92
Dracaena reflexa var. angustifolia ... 93
Dracaena reflexa 'Variegata' 94
Dypsis decaryi 95
Encephalartos ferox 96
Encephalartos horridus 97
Encephalartos paucidentatus 98
Euphorbia ingens 99
Euphorbia lactea 100
Euphorbia neriifolia 101
Euphorbia tirucalli 'Rosea' 102
Euphorbia trigona 'Rubra' 103
Furcraea foetida 104
Furcraea foetida 'Mediopicta' 105
Furcraea selloa var. marginata 106
Hyophorbe 107
lagenicaulis 107
Hyophorbe 108
verschaffeltii 108
Nopalea cochenillifera 109
Opuntia ficus-indica 110
Pachycereus marginatus 111
Pachypodium geayi 112
Pachypodium lamerei 113
Pandanus pygmaeus 114
Pandanus tectorius 'Baptistii' 115
Pandanus utilis 116
Phoenix canariensis 117
Phoenix roebelenii 118
Pilosocereus pachycladus 119
Sansevieria cylindrica 120
Trachycarpus fortunei 121
Yucca filamentosa 122
Yucca gloriosa 123
Yucca luminosa 124
Yucca queretaroensis 125
Yucca rostrata 126
Zamia furfuracea 127

Nomes populares – Trepadeiras

CARAMANCHÃO
Primavera, buganvília 6
Cipó-tapiá, cuitelo 7
Cipó-de-leite,
trepadeira-frangipani 8
Congeia 9
Madressilva 10
Cipó-alho, cipó-d'alho 11
Jade-vermelha 12
Cipó-de-ouro 13
Viuvinha, flor-de-São-Miguel 14
Sete-léguas 15
Trepadeira-jade,
trepadeira-filipina 16
Sapatinho-de-judia 17

ARQUINHOS E BEIRAIS
Alamanda-amarela,
dedal-de-dama 18
Coração-sangrento 19
Ipomeia-rubra, trepadeira-cardeal . 20
Rosa-trepadeira 21
Jasmim-de-Madagáscar,
flor-de-noiva 22
Jasmim-estrela, jasmim-de-leite 23

GRADES E ALAMBRADOS
Amor-agarradinho, mimo-do-céu ... 24
Sariteia 25
Clerodendro 26
Cobeia, sinos-de-convento 27
Escova-de-macaco-vermelha,
escova-de-macaco-da-África 28
Cipó-rosa, cuspidária 29
Corriola, jetirana 30
Bom-dia, campainha,
glória-da-manhã 31
Jasmim-dos-Açores,
jasmim-do-rio 32
Jasmim-dos-poetas,
jasmim-de-inverno 33
Trepadeira-sanguínea,
trepadeira-fogos-de-artifício 34
Cipó-de-sino 35
Flor-de-pau, rosa-de-pau 36
Trepadeira-de-arco 37
Maracujazeiro, flor-da-paixão,
maracujá-doce 38
Maracujazeiro-poranga,
maracujá-de-flor-vermelha,
maracujá-poranga 39
Trepadeira-limão, ora-pro-nóbis 40
Flor-de-São-João,
cipó-de-São-João 41
Tumbérgia-azul, azulzinha 42
Glicínia, wistéria-japonesa 43

PAREDE
Trombeta-americana 44
Unha-de-gato, herinha 45
Figueira-trepadeira 46
Hera-japonesa, falsa-vinha 47

TRELIÇAS
Lanterninha-japonesa, sininho 48
Lágrima-de-Cristo,
clerodendro-trepador 49
Campainha 50
Mandevila, dipladênia 51
Trepadeira-doce-amarga 52
Suzana-dos-olhos-negros,
amarelinha 53

TRELIÇAS À SOMBRA
Aspargo-samambaia 54
Begônia-trepadeira,
begônia-camarão 55
Flor-de-cera, cerinha 56
Trombeta-de-anjo 57
Selaginela, samambaia-pavão 58
Hera-do-Cabo 59

ÁRVORES
Costela-de-Adão, banana-do-mato . 60
Imbé-gigante 61
Filodendro-elegante 62
Filodendro-roxo 63
Filodendro-pendente,
filodendro-cordato 64
Filodendro-roxo-cordato 65
Guaimbé-sulcado 66
Singônio 67

FORRAÇÕES
Jiboia, hera-do-diabo 68
Hera-da-Argélia-gloire-de-marengo,
hera-argelina-gloire-de-marengo 69
Hera-inglesa, hera 70
Hera-inglesa-duck-foot,
hera-inglesa-pé-de-pato 71
Hera-inglesa-gold-child,
hera-inglesa-criança-dourada 71
Hera-inglesa-fantasia 71
Hera-inglesa-minty 71
Hera-das-Canárias 72
Salsa-da-praia, batata-da-praia 73
Singônio, singônio-ponta-de-flecha . 74
Capuchinha, nastúrcio 75

Nomes populares – Esculturais

Agave-americana-variegada 78
Piteira-do-Caribe 79
Agave 80
Agave-palito 81
Agave-polvo 82
Agave-azul 83
Falsa-pata-de-elefante,
pata-de-elefante 84
Nolina, pata-de-elefante 85
Palmeira-azul,
palmeira-de-Bismarck 86
Cacto-parafuso 87
Cica, palmeira-samambaia 88
Cica, sagu 89
Dasilírio 90
Grama-arbórea-mexicana 91
Dion-gigante 92
Dracena-de-Madagáscar 93
Pleomele-variegado,
dracena-malaia 94
Palmeira-triângulo 95
Sagu-de-espinho 96
Cica-azul 97
Palmeira-sagu 98
Árvore-candelabro 99
Candelabro 100
Eufórbia-de-cerca 101
Cacto-lápis-vermelho 102
Candelabro-vermelho,
árvore-de-leite-africano 103
Piteira, falso-agave-gigante 104
Piteira-estriada,
falso-agave-gigante 105
Agave-lança 106
Palmeira-garrafa 107
Palmeira-fuso 108
Palma-doce, urumbeta 109
Figo-da-Índia 110
Cacto-poste-de-cerca 111
Palmeira-de-Madagáscar,
paquipódio 112
Palmeira-de-Madagáscar,
paquipódio 113
Pândano-rasteiro 114
Pândano-dourado 115
Pândano, pinhão-de-Madagáscar .. 116
Palmeira-tamareira,
tamareira-das-Canárias 117
Tamareira-de-jardim,
tamareira-anã 118
Facheiro-azul, cacto-azul 119
Lança-de-São-Jorge, espada 120
Palmeira-moinho-de-vento 121
Iúca-mansa, agulha-de-Adão 122
Iúca-mansa 123
Iúca-azul 124
Iúca-de-Querétaro 125
Iúca-azul 126
Zâmia 127